兩岸經貿大未來

——邁向區域整合之路

劉文成◎著

序言

從一九九〇年開始，我便往來於兩岸，花在考察、市調、住宿、交通和旅費方面的開銷已不計其數。在大陸經商近十年，直到一九九九年初大連勝利廣場御園村美食街結束為止，我未在大陸賺進一毛錢，反而虧損幾千萬。而同赴對岸經商的公司行號，有些與人合夥，雖有盈餘但分不到錢；有些業績不錯，帳面上卻出現虧損；有些是被「光明正大」地污掉了；有些是打從一開始投資便虧損累累……。總之，每次去大陸經商都是帶錢去的多，帶錢回的少。總結失敗的原因，可以歸納為找錯合作對象，和長期漠視當地人文環境、社會生態與對當地法令制度的不了解。

身為台商不知兩岸企業經營型態與經濟互動，這是台商在大陸失敗的最重要因素。大部分台商都知道台灣有一家「廣達」，但大部分人都會以為是生產肉鬆的「廣達香」；相對地，

大部分台商也都知道大陸有一家「海爾」，但大多數人會問什麼是「孩兒」？當台商的首要條件便是應了解兩岸企業的成長過程，多研究兩岸企業文化的差異、企業家如何將企業經營得成功，然後結合兩岸產業優勢，發揮所長，共創未來。

此書主要獻給已在大陸經商或即將遠赴對岸商場奮鬥的台商，盼能多了解不同體制下的企業經營，使在大陸的事業發展得「紅紅火火」。第一章首先了解台灣經濟起飛的環境與產業轉型。第二章介紹台灣現代化的企業與傑出企業家的經營理念，他們是如何成功的？哪些值得吾人學習？第三章則披露大陸改革開放前後的企業與企業家，及曇花一現的公司，讓台商更加了解大陸當地的企業體制與發展。第四章探討的是大陸的企業家精神與兩岸的比較。第五章旨在結合兩岸產業的優勢，攜手共創未來，而居中扮演關鍵性角色的便是台商。未來兩岸無論走向統一或分離，台商將占有舉足輕重的地位。

二〇〇〇年我的處女作——《台商婚外情》（商周）出版，造成書市轟動、國內外媒體爭相報導，更引發台商與老婆之間的「戰爭」，深感歉意！但在熱烈迴響下，為感謝書友的支持，仍陸續出版《投資中國——台灣商人大陸夢》（生智）及本書，目前則正著手關於「我在大陸為何失敗」、「台商在大陸為何失敗」兩本書稿的撰寫，以饗書友！

本書得以付梓，要感謝的人太多。首先感謝兩岸的企業或個人所提供的協助，其次是生

智文化出版公司給我這個機會，使本書得以出版。最後感謝所有支持我的書友，請繼續給予批評、指教！

劉文成　於上海
二〇〇一年七月

目錄

序言 i

第一章 「世界經濟奇蹟」的肇興 1

國民黨遷台後與中共的持續戰鬥 3

台灣經濟發展的背景 5

一、日本殖民式的對台經濟開發 6

二、國民黨遷台時帶來大量的資源 9

台灣經濟發展的歷史軌跡 11

一、一九五〇年代深化經濟改革 11

二、美援台灣穩住經濟發展 13

三、世界經濟復甦，促進台灣經濟起飛 15

四、一九八〇年代台灣產業積極轉型 18
台灣得天獨厚的發展條件 19

第二章 台灣現代企業與企業家的成長過程 23

台灣現代企業 25
一、「台塑」──管理是追求合理、講求數據 26
二、「統一」──三好一公道 27
三、「奇美」──文化藝術氣息濃厚 30
四、「宏碁」──圍棋理論、微笑曲線相得益彰 32
五、「長榮」──陸海空三棲常勝軍 35
六、「國泰」──堅實沉穩，科學管理 37
七、「裕隆」──大膽放權，求新再創新 41
八、「東元」──一流人才、一流產品 44
九、「中鋼」──無我團隊，人是資產 46
十、「威京」──展翼突圍、振翅高飛 49

十一、「遠東」──善於財務調度，以管理取勝 51
十二、「台積電」──從灰姑娘到金雞蛋 54
十三、「聯電」──積桿擴張，精悍迅捷 56
十四、「華碩」──以技術締造百分百成長 58
十五、其他著名企業 60

台灣現代企業家 64

一、王永慶──台灣經營之神 66
二、高清愿──「一理通，萬理徹」 68
三、許文龍──無爲而治的經營哲學 70
四、施振榮──台灣電腦業巨擘 73
五、張榮發──終生以大海爲家 75
六、蔡萬霖──世界華人首富 77
七、吳舜文──嚴慈相濟的女英豪 80
八、林長城──堅信「企業是社會公器」 82
九、趙耀東──「大董事長」照顧「小董事長」 84

十、沈慶京——「他不再是個壞男孩」 87
十一、徐旭東——無止境追求卓越的「最適先生」 89
十二、張忠謀——台灣半導體教父 92
十三、曹興誠——慓悍依舊，顛覆傳統新思維 94
十四、施崇棠——「要回家卻把車開到公司」 96
十五、其他著名企業家 98

第三章　大陸改革開放前後的企業與企業家 103
改革開放前的企業與企業家 106
一、胡雪巖——「沒有永遠的敵人，只有永遠的利益」 107
二、「上海商銀」陳光甫——知人善任，求才若渴 109
三、「橡膠大王」陳嘉庚——不惜毀家也要辦學 113
四、「先施」黃煥南——百貨業龍頭 116
五、「永安」郭樂——顧客至上，笑臉相迎 118
六、「合和」胡應湘——善於審時度勢、掌握時機 121

七、「張裕」張弼士——訊息靈通，精於經營方法 124
八、「虎標」胡文虎——善於市場分析，重視形象廣告 127
九、「影業帝王」邵逸夫——勤奮嚴謹，靈巧應變 130
十、「申新」榮氏兄弟——靈活經營，堅忍不拔 134
十一、其他著名企業與企業家 137

改革開放後的企業與企業家 145

一、「中信泰富」榮智健——眼光銳利、頭腦清晰 146
二、柳傳志——「人類失去聯想，世界將會怎樣？」 148
三、熱比亞——從洗衣婆到中國女強人 150
四、張瑞敏——「海爾，真誠到永遠」 153
五、趙章光——毛髮再生，風靡全球 155
六、李曉華——見好就收，捐款不落人後 157
七、張果喜——抓住佛龕，精於工藝 160
八、求伯君——攀登軟體金山顛峰 162
九、郝振堃——帶領嘉陵摩托車走中國 164

十、陳偉榮——「牡康模式」引領購併風潮 167
十一、其他著名企業與企業家 169
改革開放後曇花一現的企業 177
一、「南德」牟其中——孤膽英雄，豪情壯志 177
二、珠海巨人大廈吸乾史玉柱的血 180
三、「飛龍」姜偉——從大風起兮龍飛騰到五洲蔽日飛龍垮 183

第四章 大陸有企業家嗎？ 187
大陸要有企業家精神，但有企業家精神者太少 191
短命的優秀企業家多，真正的企業家太少 193
大陸需要王永慶，王永慶不能救大陸 195
對兩岸歷年來多位優秀企業家的追蹤 197
大陸企業家的未來之路 198

第五章 結合兩岸產業優勢共創未來 201
共構大中華經濟區 205

一、「中華經濟區」的理論架構與構想提出 207
二、從黃枝連「中國人共同體」到高希均「亞洲華人共同市場」的新構想 212
三、「歐洲聯盟」的啓示 220
四、邁向「中華經濟區」的規劃 228
五、「中華經濟區」的燃眉之急和未來發展 238
亞太經濟合作會議 247
一、「區域經濟一體化」的進程 248
二、世界主要區域經濟一體化組織 250
三、區域經濟合作的理論背景 281
四、「亞太經合會議」（APEC）的成立與發展 283
五、兩岸的 APEC 政策 289
六、亞太經合會議中的兩岸經貿關係 295
七、兩岸與周邊國家發展「次經濟區域一體化」 303
參考書目 313

第一章

「世界經濟奇蹟」的肇興

國民黨在一九四九年十二月撤退台灣後，徹底檢討大陸失敗的原因，除因人謀不臧、政治腐敗、不得民心外，經濟衰退和通貨膨脹也是主因之一，因此來台後勵精圖治，深化經濟改革，以贏回民心。一方面不時出兵與中共在中國大陸與海峽間交戰，企圖反攻大陸，收復失土。

國民黨遷台後與中共的持續戰鬥

在一九四九年到一九七八年長達三十年的時間裡，海峽兩岸處於緊張的軍事對峙狀態。從一九四九年到一九五八年，海峽兩岸之間多次發生大規模的戰鬥和其他形式的軍事衝突，隨後逐步轉向軍事對峙。

一九四九年九月，中國人民政治協商會議第一次全體會議通過「共同綱領」，規定「將中國人民解放戰爭進行徹底，解放中國全部領土，完成統一中國大業。」一九五〇年四月三十日，人民解放軍攻陷海南島全境；五月十八日，攻陷舟山群島；六月，韓戰爆發，美國第七艦隊駛入台灣海峽。中國人民解放軍繼續在東南沿海進攻國民黨軍隊，七月到十一月，相繼攻陷長江口，浙江、福建沿海的若干島嶼和珠江口外的全部島嶼。至此，國民黨軍隊控制的區域，除了台灣和澎湖外，還有福建沿海的金門、馬祖，浙江沿海的大陳、一江山、漁山、南麂山等島嶼。

一九五〇年一月到八月間，國民黨多批飛機轟炸上海、南京、廣州、廈門等地，數十支武裝人員進入東南沿海與西南邊境。一九五三年元旦，蔣中正發表「告同胞書」，喊出「軍事第一，反攻第一」的口號，派兵轟炸大陸東南沿海。七月十六日突擊福建東山島，被中共軍隊擊敗。一九五五年一月，中共軍隊攻陷江山島。二月五日，國民黨軍隊撤出大陳島，二十五日，又撤出南麂山島。此時，國民黨軍隊所控制的地區只有台、澎、金、馬地區。此後，雙方軍事對抗的重點從浙江沿海島嶼轉到金、馬等島嶼。

一九五八年，從八月二十三日到十月二十五日的金門八二三炮戰，中共軍隊共發砲彈四十七萬五千多發，大小海戰十八次，大小空戰十次。金門儼然成了千瘡百孔的禁地。一九五八年「八二三炮戰」既是當時海峽兩岸激烈軍事衝突的頂點，也是轉向長期軍事對峙的起點。此後，台灣仍然堅持「反攻大陸」的立場，伺機採取軍事行動，但軍事行動的規模漸趨縮小。國民黨深知早期的反攻若無法光復大陸，以後的時機對國民黨更趨不利，於是一面整軍經武，一面把重點放在經營台灣，準備進行與中共長期對峙，等待時機。

台灣經濟發展的背景

無疑地，中華民族五千年來，生長在今日的台灣人是最幸福的。同樣，生長在今日的中國人也是空前的幸運。昔日的唐朝盛世都還不及現代人民的生活富足康樂，如以科技、經濟、生活、物質環境而言，相信人們會想當今天的百姓而不想當昔日皇帝。以前書生考試須走上好幾個月才能到京城應考，叫做「上京赴考」。今天從高雄到台北只需四十分鐘，從海口到北京只需三小時又三十分鐘，大大縮短了時空距離。

中國人能有今天，都是先人忍辱負重，在列強覬覦、虎視眈眈之下，發展出中國自己的工業。一樣都是中華民族的台灣人又比大陸人幸運，因爲我們生長在台灣，台灣比大陸富裕、發達有其歷史背景，台灣能有今天，日本人功不可沒。

台灣經濟取得了舉世矚目的成就，有以下幾個原因：

一、日本殖民式的對台經濟開發

古書中稱台灣為「島夷」；魏晉南北朝時稱「夷洲」；元明時設「巡檢司」；明末鄭成功逐退荷蘭人收復台灣；清初置台灣府，隸屬福建省；一八五五年（清光緒十一年）台灣建省。一八九五年馬關條約，台灣割讓給日本。在這之前，台灣還是處在農業社會，沒有現代化工業，只有零星手工藝，人民生活談不上小康，勉強只能溫飽而已。

從一八九五年到一九四五年，台灣淪為日本殖民地，日本殖民主義者對台灣人民進行瘋狂的掠奪和殘酷的壓榨，給台灣人民帶來莫大的災難與痛苦。但是日本人基於自身利益與武力向外擴張的需要，不得不對台灣這塊肥肉，大興土木，大力建設，以利於「大東亞共榮圈」的推展。日本軍國主義為達到其侵略鄰國的野心，僅在一八九六年到一九一〇年的十四年間，在台灣的投資就高達一億日圓。日本對台灣的投資是雙管齊下的，除了政府參與外，還鼓勵民間投資，如「三菱」、「住友」等。投入的產業有農業、礦山、金融業、航運業、港口鐵路、郵電通訊、文化教育及人力資源開發。一九四〇年為止，僅在農業人力的投入幾達二千五百名。同時還透過資本集中及人力輸出，把當時較先進的科技及企業管理制度帶進台灣，無疑地，這對台灣以後工業化的進展，起了積極的作用。日本人對台灣採取「建設再輸出」的模式，主要有：

1. 大興農田水利，發展農業

一九〇六年到一九四二年，台灣的農田灌溉面積由二十萬公頃增加到五四萬五千公頃，還引進優良品種、改進生產技術、增施化肥、植樹防風等。磯永吉農學博士費了十年時間改良「在來米」，開發「蓬萊米」，至今仍留下米香。

2. 建立工廠，發展工業

一九〇一年到一九二八年，日本在台灣已擁有十一家製糖公司及四十八家製糖廠。同時又發展電力、機械、冶金、造紙、水泥建材，以及石化、造船、鋼鐵等工業。及至二次大戰前，因應戰爭需要，又積極發展燃料、煤炭、航空等軍需工業，如在岡山設空軍基地及鑄造廠。

3. 積極興辦交通運輸行業

基於武力擴張、政治控制和經濟掠奪需要，在台灣全力發展交通，積極進行交通建設。

到光復前，台灣鐵路總長從一〇六．七公里增加到九〇一．二公里。公路從〇．三六萬公里增加到一．七四萬公里。積極擴建基隆、高雄舊港，重修蘇澳、花蓮、安平、新港等。後來台灣十大建設中的蘇澳港是國民黨擴建的，許多基礎設施大多是日本人留下來的。爲達到日本帝國主義侵略的野心，又在台灣興建六個民用機場和十一個軍用機場。以前的舊機場直到現在國民黨都未再開發利用，如宜蘭農校（現已改爲蘭陽技術學院）附近的舊機場。

4.興辦教育事業

日本人爲達成其永久統治台灣的決心，遂推行「皇民化」教育，改漢姓爲日本姓，如「岡本」、「伊藤」等。同時對興辦學校不遺餘力，使台灣當時教育普及率高達百分之四十，其時中國尚有百分之九十以上是文盲。

5.建立各種管理制度

如引進日本的文官制度、銀行金融制度、企業管理制度、治安管理制度、農工生產管理制度等。同時派遣測量人員對於高山、土地、森林、礦產、水產養殖等資源進行周密的普查、測量及建檔，直到現在有許多的地籍資料都還在沿用「日據時代」的檔案。

6.屯墾殖民、興建城市

日本爲對台灣有效地統治，派遣優秀人才來台屯駐，成立派出所，徹底控制人民。爲發展城市規模，大力擴張城市版圖，如高雄市筆直寬廣、井然有序的馬路，便是日本人規劃；位於台北市象徵殖民主義的「總統府」，即是日據時期台灣的「總督府」。

二、國民黨遷台時帶來大量的資源

國共內戰期間，歷經幾次談判，國民黨最終不敵共產黨，於一九四九年轉進台灣，國民黨遷台前即有計畫、有組織地從大陸搬到台灣一些資產，這些資產對台灣往後的發展，也起了正面的作用。如：

1.企業廠房

大陸撤退時，從沿海大城市遷走數批重要企業及工廠，包括資金、設備、技術、人才、制度、管理等有形、無形資產，如上海商業儲蓄銀行即是。此外，單從上海就遷走了十家大紡織工廠，當時上海是紡織重鎭，所有大廠皆集中於上海，故今日台灣紡織界有「上海幫」、

「山東幫」及本土的「台南幫」等。

2.黃金白銀

大陸被共產黨解放前，國民黨政府即有準備地把國民黨統治地區的黃金、白銀運達台灣。單單上海一地就有不計其數的黃金一船一船運往台灣。根據一九四九年二月十四日「中央銀行」報告，當時由中央銀行總裁俞鴻鈞帶走的金銀庫存有純黃金三百九十五萬兩、純白銀一千一百三十六萬兩、銀元三百九十八萬塊。

3.人才

內戰期間，國民黨節節敗退時，即有計畫地將人才調遣到台灣來。據統計約有二百萬人，當時台灣人口才只有二百五十六萬人，約現在台北市的人口。這些人中人才濟濟，有企業家、辦工廠的實業家（如裕隆公司嚴慶齡）、醫師、科學家，更有一大群菁英主導台灣經濟發展，成爲「亞洲四小龍」之一的主導人物，如孫運璿、李國鼎、尹仲容等。

4.國際視聽

大陸解放前，美國始終是支持國民黨政府的，國民黨轉進台灣後，美國爲其本身利益及維護台海安全爲考量，更積極支持台灣在國際社會的地位，並大量「美援」台灣。使台灣在國際上依然是聯合國創始會員的「大國」，在經濟上更加援助興辦工業，加速經濟復甦。可悲的是，大陸至此以後即採取「閉門造車」的鎖國政策，直到一九七九年改革開放爲止。

台灣經濟發展的歷史軌跡

一、一九五〇年代深化經濟改革

國民黨轉進台灣前，即有以上所列有利的經濟發展因素，加上在台灣的勵精圖治，經過數十年的改革、發展，始有今天的局面。

五〇年代初，台灣實施土地改革，一連串的「公地放領」、「耕者有其田」、「三七五減租」把台灣的土地「翻了好幾番」，其中的「公地放領」就是將從日本人手裡接收過來的一部分農地，按今年生產物二十五倍的地價賣給無地和少地的二十萬戶農民；而實施「耕者有其田」政策，則是利用從日本人那裡接管過來的部分企業，如「四大公司」——台灣水泥、台灣紙業、台灣農林、台灣工礦，以企業股份占全部地價三成，折讓股價向地主徵購約十四萬公頃的農地，再以「公地放領」的辦法賣給農民。對於此一政策的實施，「經營之神」王永慶（嘉義的土地即是被此方式徵收，改發四大公司的股票作抵）頗有微詞。但是此一「土改」的結果，農民獲得了一定量的土地，對私有土地情有獨鍾，產生很大的生產力，台灣只花三年時間就把農業生產恢復到戰前的最高水準，爲了經濟發展，只好爲了多數，犧牲少數人的利益。同時，有一點我們不能忽視的是，當時利用「四大公司」以補償地價方式，把地主的農業資本轉到工業上去（如王永慶所換股票即是），這對當時和後來工業發展都起了不可輕忽的作用。五〇年代初，又同步進行電力、水力、肥料、紡織等幾種重要工業的恢復與開發。其中電力、水力、肥料工業完全是日據時代遺留下來的基礎；紡織工業則基本上利用大陸移來的資金、設備與技術。現在台灣的中興紡織、遠東、台元、彰化、中一、台北等就是此時的產物。

五〇年代初，台灣發生通貨膨脹、貨幣貶值，國民黨適時舉辦「黃金儲蓄存款」，直接拿出從大陸帶來的部分黃金在市場公開拋售，讓民間私人購買，再存入銀行或私自囤積，解決通貨膨脹的問題，此時「黃金」發揮了作用。日據時代日本人不讓台灣人從政，有知識者大部分習醫，只允許少量商業可由民間經營，故從大陸遷移的二百萬人員，適時塡補了日本人及台灣人的眞空，在台灣經濟建設中發揮了強而有力的領導作用。

二、美援台灣穩住經濟發展

廿世紀初，世界列強紛紛在東方掠奪殖民地，中國已成爲列強爭奪的主要對象，此時台灣已淪爲日本的殖民地。二次戰後，美國對遠東的基本戰略之一就是扶植台灣的親美政權，遏止蘇聯在亞洲勢力的擴張及防止中國共產黨赤化台灣的野心，主張極力扶植台灣，因而有「美援」計畫及扶植台灣加入世界經濟體系的舉措。

在經濟援助方面，由於台海緊張，美國由原來給予台灣必須或短期的工程項目，以及進口短缺物資提供撥款，改將援助項目和規模擴大爲長期工程和促進社會經濟發展的巨額援助。從一九五〇年六月到一九五一年六月，美國對台灣經援總額達九百八十萬美元，後來更達到每年約一億美元。一九七九年「中美斷交」，一九九九年三月美國前總統卡特訪台時，回答記者的問題說：「如果當時我沒有與台灣斷交，台灣的經濟發展就沒有今天，我無需爲中美斷交認錯。」的確，「美援」促進台灣經濟起飛，「中美斷交」卻促進台灣經濟高速成長。台灣不可能長期接受美援而不求自進，「中美斷交」適時給台灣有危機感，因危機而產生轉機。五〇年代台灣經濟比菲律賓落後甚多，時至今日已將菲律賓遠遠抛諸腦後。

六〇年代起，美國對台灣的經援逐步以國際貸款和投資方式取代原先的直接「美援」。在美國協助下，台灣改變五〇年代求經濟穩定和「進口替代」政策，而採取依賴海外市場的「出口擴張」政策，台灣以「在穩定中求發展」的策略，以「外銷出口導向」爲指標，加緊設立出口加工區，因而有今日「台灣經濟奇蹟」的局面。此一發展正符合現代經濟學理論：「每一個國家和地區的經濟發展都不會是孤立的，它既在自己的小系統內，同時又與外圍系統發生輸入與輸出的關係。」美國對台灣的經濟援助主要在以下幾方面：

1. 非計畫型援助

美國提供一般物質如黃豆、小麥、棉花、牛油、肥料等在台出售後，收回新台幣，建立「美援相對基金」，供台灣用來發展經濟建設。

2. 計畫型援助

美國根據台灣當時恢復和發展經濟的需要，提供生財、機器等設備，提高台灣的工業生產力。

3. 人力技術援助

美國資助台灣派遣大量技術人員出國學習，大部分以留學美國爲主；並聘請外籍技術人員來台指導，由美國直接提供西方經濟模式、企業管理方式、金融運作方法、財政規劃、工業生產技術來經營台灣經濟。

從此台灣經濟發展模式既有原來的「東瀛經濟」明治維新的影子，又有以美國爲首的「資本主義經濟」的融入，世界經濟兩強的菁華皆在台灣生根發展，要使台灣不進步都很難。

三、世界經濟復甦，促進台灣經濟起飛

自一九四五年二次大戰結束後到一九七三年第一次世界石油危機爆發的近三十年，世界資本主義經濟處在迅速發展階段。西方國家由於生產力提高，技術改進，資金與物質皆有過剩的現象；爲資金與物資找出口的情況下，台灣此時正符合輸入的條件。當一九六五年「美援」停止後，國際開發合作組織提供四筆長期無息貸款，及日本海外經濟協作基金，「日本輸出入銀行」、「世界銀行」、「美國進出口銀行」、「美國民間金融機構」、「亞洲開發銀行」

也提供貸款。同時世界資本過剩國家皆在台灣設立銀行，以新台幣給予公、民營企業貸款。台灣當時有很多企業都是如此發展起來的，如「長榮海運」即是向日本「丸紅會社」貸款。台灣利用發達國家提供的資本，大力發展勞力密集的加工出口工業，設立高雄、楠梓、台中加工出口區等，產品出口至以美國爲主的國際市場，從而發展出紡織業的買配額制以利出口，在紡織業因買賣配額而致富的有威京小沈——沈慶京。「越戰」也提供台灣發展經濟的很好條件。越戰期間，美軍在台裝配和維修武器設備、補給被服、軍用物資，促進機械工業和紡織、食品業的發展。再者，幾十萬越戰美軍到台灣輪休，也給了台灣零售業的消費市場帶來商機，促進商業、服務業的繁榮。

二次戰後，世界經濟採行垂直分工的國際合作模式，發達國家將勞力密集的工業輸出到勞動力低廉且人民教育素質頗高的國家從事生產，再將產品輸出到世界各國。台灣此時的條件比東南亞國家皆有利於發展，故以美國爲首的西方國家及日本將其低級產業以技術轉移的方式來台生產，增加台灣外匯收入。至一九八六年，世界各國在台投資已達五九．三億美元的工業資本。

戰後，西方技術革命帶來工業新產品的產生。以石油化學工業爲核心的「初級能源」技術改革，生產出以石油爲基本原料的塑膠，是當時國際市場的最暢銷產品。五〇年代初這類

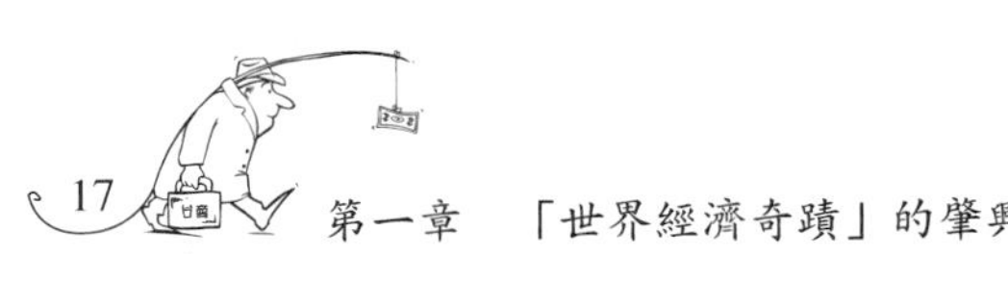

產品生產技術漸趨成熟時，就已引進台灣，到六〇年代初，台灣已掌握塑膠原料一、二次加工生產技術，其產品除供應台灣內需市場外，還大量外銷，打入國際市場。台灣繼續引進石化工業的上中下游設備和各生產關鍵技術及自行創新開發新產品，從而使石化生產技術成「一條龍」上中下游配合結合。生產乙烯、聚乙烯、聚苯烯、合成纖維、合成橡膠等重要產品和其他衍生產品。從六〇年代中期到七〇年代初期，台灣石化工業的產值占製造業總產值的百分之三十五，出口值占出口總值的百分之十九。其中對台灣石化業貢獻最大的莫過於「北台塑、南奇美」的王永慶與許文龍，儘管兩位領導者的領導管理風格有所不同，但殊途同歸，皆對台灣做出重大貢獻，在台灣經濟史上烙下深深痕跡。

七〇年代爆發兩次石油危機，油價暴漲（每桶原油由二．五美元漲到十二美元，再飆漲到三十二美元），石化生產技術面臨前所未有的危機。王永慶不斷呼籲要提高石化工業生產力渡過危機，要創造有利環境，唯有擴大生產規模，使台灣上中下游連成一氣，使之相輔相成方能達成，因而有「六輕裂解廠」的提出。「六輕」的設立，從宜蘭的利澤到桃園的觀音，最後在雲林麥寮落腳，足足走過十幾個年頭，正如威京小沈的「京華城開發案」，從提出計畫到開工破土的時間，比第一次、第二次世界大戰相加的時間還長！

四、一九八〇年代台灣產業積極轉型

可以說石化業奠定台灣工業基礎，七〇年代的「電腦革命」促進台灣經濟飛速發展。從七〇年代中期開始，以美日爲首的國家就通過出賣技術專利、技術合作、技術轉移及合資經營等方式，逐步把部分電子資訊產品生產技術轉讓給台灣。一九七九年美國與台灣簽定一項三百五十萬美元的技術轉讓協定，並幫助培訓技術人員。從一九八〇年代開始，台灣著手開發和生產以電子資訊工業爲主的高科技產品，例如一九八〇年引進美國 Si-Gate 積體電路技術；一九八四年轉移美國 HO-NEYWELL 公司的標準細胞元設計技術，與美國「德州儀器公司」技術合作，並轉移該公司的 3U 標準細胞技術等；更從日本引進單項電子資訊產品生產技術。目前，台灣電子資訊工業已日趨成熟並具有世界經濟規模，工廠已超過五千家，一九八六年產品外銷值爲六十餘億美元，占出口總值的百分之十五。在世界電腦業占有一席之地的「宏碁」更爲台灣創造大量外匯。新竹科學園區的開發，使台灣經濟轉型到以積體電路、半導體爲主導的產業上去。台灣在半導體領域上的成就是驚人的，從一九九七年四月份開始，著名半導體廠商，包括「台積電」、「聯電」、「茂矽」、「華邦」、「力晶」、「德碁」、

「旺宏」、「南亞科技」和「世界先進」，先後宣布近一兆六千億新台幣（約五百五十億美元）的半導體投資計畫，此項計畫遠遠超過與台灣激烈競爭的韓國。近年台灣重大投資中，有一半以上投向高科技的半導體積體電路行業，爲台灣經濟和產業結構轉型再次提供成功的驗證。

台灣得天獨厚的發展條件

從生產勞動力及經濟市場上來看，台灣地理位置得天獨厚，位居歐亞大陸東端、太平洋西側，與東北亞、東南亞的距離幾乎相等，所有往來於東北亞、東南亞的航運皆需經過台灣海峽，不但戰略地位重要，在經濟上也占有舉足輕重的地位。

從台灣人的素質上看，台灣是中華民族的一份子，具有五千年勤勞節儉、積極進取的美德，又因較早接受西方文明教育的洗禮，使台灣人勇於接受挑戰與創新。由於兩岸阻隔，大陸始終不放棄以武力解決兩岸問題，使台灣人的危機意識深植人心，從而激發奮發向上的作爲。加上台灣屬於「海島型經濟」，島內消費所需遠遠不及大量生產的供給，因此必須擴大外銷，以產品出口來消化生產過剩的危機。由於台灣較早對外貿易，經商手法靈活，因此開拓出與世界各國皆有生意往來的實績。猶太人之於美國，台灣人之於中華民族，皆在經濟上具有不可取代的地位。教育的普及，使台灣的文化水準相對較高，光復時，已有百分之四十的成年人脫離文盲，現在則識字率達百分之九九．五，這種文化水準不但超過當時的大陸，也遠遠超過戰後發展中國家的平均識字率。現在台灣的教育普及程度更是名列前茅。

台灣接收日本產業後，有一個很重要的轉折，即是「培植民間企業」——台灣將當時從日本手中接收的「國營」四大公司轄下的七十一個企業移轉給民間地主私人經營，利用「美援」發動民間私人創辦進口替代工業，如紡織、成衣，初級加工產品。爲了扶植民營企業，在原料、資金、匯率、技術市場等方面給予幫助外，更採取關稅和非關稅保護措施，加速民營企業的發展。台灣汽車工業長期受關稅保護致使生產技術停滯不前，無法躋身世界汽車工業之林，可能是當時始料未及的。

一九五三年到一九六二年，台灣年平均產值成長率達百分之十六，一九六三年到一九七二年，年平均產值成長率高達百分之二十三。在四大公司轉移民營前，公營企業產值占百分之七十三，居壓倒優勢。一九五三年四大公司開放民營，爲減少公營企業比重，便把一些經營困難、年年虧損且不影響全面性經濟的企業轉移民間經營，一九七〇年公營企業比重已降

到百分之二十八。八〇年代以來，由於公營企業經營不善，效益低落，虧損更加嚴重，於是提出「國有民營」及設立「公營事業民營化推動小組」，確立將「三商銀」、「中鋼」、「中化」、「中船」、「唐榮」等十九家公營企業的百分之五十一股權移轉民營。一九八六年公營企業比重再降到百分之十五。由於公營轉民營有許多制度不合理，使人民裹足不前，經紀商承銷股票狀況並不理想，此時「京華證券」鼓足勇氣與有關單位磋商，改變有利承銷股票的條件，因而「中化」、「中工」、「中鋼」的股票傾巢而出，順利達成企業股份由官轉民的目標。今天「威京集團」擁有「中工」，「中化」甚多股份，及所控股公司的資產達新台幣一千一百零二億元，其利人利己的行爲，使集團累積更多的財富。

台灣正確的政策，指導經濟有序地發展。「經建會」是帶動台灣經濟快速發展的火車頭，技術幕僚根據內外經濟環境，審時度勢提出發展戰略目標、編制經建計畫，經最高層作出決策後交付實施，如「四年經建」、「十大建設」、「十二項建設」等。決策高層更善於利用財政和金融提高經濟，穩健發展。在財政上採取「開源與節流並重」的措施，裁減非必要的行政人員，出售公產公物，把有限的資金導向最需要的產業及部門，提高產業競爭力，擴大外銷規模。一九四九年頒布「台灣省進出口貿易及匯兌金銀管理辦法」，一九五四年頒布「外國人投資條例」，一九五五年頒布「外僑回國投資條例」，一九六〇年頒布「獎勵投資條例」，一九八六年頒布「進出口廠商輔導管理辦法」等，以吸收企業投資，刺激產業發展。

台灣經國民黨五十多年的經營，篳路藍縷，以啓山林，其辛苦所付出的代價，才有今日繁榮富裕的台灣。在不斷經濟轉型的過程中，台灣都安然渡過，亞洲金融風暴肆虐東南亞，連體質良好的日本都難倖免，台灣能不受其外圍環流的影響，再接再勵迎向廿一世紀知識經濟時代的來臨！吾人更深切期待在世代交替、政黨輪換的民進黨主政下，能將台灣帶向和平安康的大道。

台灣現代企業與企業家的成長過程

台灣經過幾十年的努力奮鬥後，在經濟上終於闖出一片藍天，「台灣經濟奇蹟」、「亞洲四小龍」、「台灣經驗」等等讚譽排山倒海而來，殊不知台灣人在接受這些美譽之前，有多少企業在掙扎經營，有多少企業家在絞盡腦汁，爲企業的存活而奮鬥。目前的成就絕非從天而降，在這些美譽的背後，有多少企業因體質不佳，因經營不善，因無法適應快速的經濟變化而不支倒地，現在存活在人們眼前的都是經過一番激烈競爭而生存下來的，這些精英正是拉動台灣經濟成長的火車頭！

台灣現代企業

提到「台灣經濟奇蹟」，沒人能否定「台塑」對台灣產業的貢獻，甚至有人豎起大拇指直言「沒有台塑也就沒有今日台灣輝煌的經濟」。

一、「台塑」——管理是追求合理、講求數據

一九五七年台塑生產毫不起眼的PVC塑膠粉，到今日已成世界十大石化集團之一，很多人還不知VCM、PP、PVC、PE是什麼「碗膏」。一九五四年台塑的前身「福懋塑膠工業股份有限公司」在高雄建PVC廠生產工業原料塑膠粉，日產四公噸，是世界上規模最小的PVC塑膠粉生產工廠。一九五七年「福懋」改名「台灣塑膠工業股份有限公司」，從此走向石化工業的專業領域。一九七三年到中美洲的波多黎各設PVC廠，後來失敗，一九八〇年將該廠設備移到美國成立美國FPC公司，一九八九年投資一億美元成立台塑美洲公司，一九九一年投資額達十四億美元的美國七輕廠興建完成，此時台塑集團營業額達一千七百億台幣，占當時台灣GNP的三十分之一，一九九四年轉投資亞太投資公司，有上百家企業響應。一九九五年與日本小松電子金屬株式會社和亞太投資公司合資成立「台灣小松電子材料股份有限公司」。同年在亞洲一百大上市企業中，台塑名列第八十八，其關係企業南亞塑膠名列第二十七名。

一九九四年台塑六輕廠正式開工，啓動廿世紀末之世界大工程。

六輕廠設在雲林麥寮，廠地有台北市九分之一大，總投資金額四千億台幣，占台灣年總

預算的四分之一，人類有史以來最大的與海爭地、塡海造陸工程，比荷蘭有過之而無不及。六輕近完成時，荷蘭人組團來台考察，「六輕是如何完成的？」在他們的心目中留下一個驚歎號！

台塑集團三百五十萬公噸的乙烯年產量，相當於目前中油乙烯總產能的三倍，同時超過世界第八大乙烯生產國——法國——年產量三百一十萬噸的規模。一九九九年五月二十日台塑集團董事長王永慶宣布將投入一百四十億台幣開發「桃園科技工業區」，以「桃科區」爲基地再投入二十億美元，興建一貫生產的汽車廠，年產五十萬輛傳統汽車及電動車。這個工業區預估每年可創造六百億台幣產值，引進廠商投資金額達一千億台幣，提供二萬二千多個工作機會，一年增加稅收二十五億台幣。在這世紀之交的跨世紀工程，又留下更多的驚歎號！

二、「統一」——三好一公道

從食品到流通業，從流通到電子、金融，再「黑卒吃過河」到跨國公司，這種黑卒勇往直前、義無反顧的作爲，正如統一集團總裁高清愿所說：「企業一定要多角化、大型化、國際化才能成功。」

一九六七年「統一企業公司」正式在台南成立，資本額新台幣三千二百萬元，吳修齊任董事長，高清愿任總經理，正式生產「統一牌麵粉」。一九六八年「統一牌飼料」上市；一九七一年「統一肉燥麵」推出；一九七九年「統一超商」開幕；一九八〇年中壢麵包廠生產麵包，開始對外展店加盟；一九八七年「統一企業股份有限公司」股票上市；一九八八年投資「統一證券」；一九九〇年成立「統一棒球獅隊」，同年併購美國「威登餅乾公司」，改名「統一餅乾公司」，投下三億三千萬美元，立志成為世界最大食品集團；一九九二年啓動開往中國大陸的列車，新疆統一番茄廠動工，武漢、天津、成都、瀋陽、上海等地食品廠及飼料廠陸續開工生產，一圓「世界最大食品王國」的美夢；一九九六年統一將集團全球化組織革新，分成十一個事業群，到一九九七年該集團擁有三十多家公司，營業額達一千億台幣以上；一九九九年五月二十四日統一超商「7—Eleven」提前達成中期展店目標二千家的計畫，從作「你的鄰居」開始作「世界的好鄰居」，於是與中油加油站合作發展「複合式便利商店」，提供無國界的商品爲世人服務。

統一超商成立初期，連續七年虧損，每天倒掉的咖啡比賣的還多，也唯有如此資金雄厚的企業才挺得住！如果沒有徐重仁的獨排衆議加上高清愿的鼎力支持，就不會有一九九七年股票上市，也不會有今天不可撼動的超商霸主地位。統一超商現在扮演爲民爲政府服務的角色，它包括代收停車費、電話費、水費、電費，甚至將來也不排除販售彩券。統一集團多角化的經營，讓同行心生畏懼，國際化的跨國公司使「日不落國」的希望得以實現，大型化的結果，使它投資於大陸的資本額占台灣企業的榜首，高清愿曾說：「台商成功，台灣才能處於主導地位。」一九九二年投資大陸，直到今天還沒轉虧為盈，「統一超商七年虧損」的經驗，似乎難不倒統一要成為世界食品霸主的希望。

企業急速擴張除要有良好的制度外，最重要的後援是人才與資金。統一快速擴張路線的集團行為模式，使得員工內部向心力很強，員工流動率很低，因為人人都覺得有前途，集團不斷地轉投資，使年輕的幹部得以一展長才，他們不怕做失敗，只怕想失敗。統一一年花在員工的教育訓練費用約三千萬台幣，每年還在增長，完整的教育訓練使新公司的主管可以獨當一面，完成公司「分權分責」的實行。

統一企業資金的靈活運用，更為其它企業所望塵莫及。一九九三年首創以「現金增資發行新股」方式，參與海外存託憑證（GDR）的發行，募集八千二百萬美元，償還購併威登餅乾廠的聯合貸款，同年又發行五億元台幣無擔保公司債，及赴香港票券市場發行五千萬美元短期票券。一九九九年為償還銀行貸款，擬現金增資四十億台幣。同年四月二十四日，統一與頂新集團簽定意向書，由統一企業購買頂新持有頂益股權的百分之五十，如果統一收購頂

新的行動能順利達成，那麼，離「世界食品王國」的腳步，將向前跨出一大步。但是統一與頂新的談判並未達成，最後頂新將頂益股權賣給日本三洋食品。

三、「奇美」——文化藝術氣息濃厚

台南的奇美公司是生產 ABS 的世界第一大廠，其生產的 ABS 供應全世界百分之三〇的市場，讓人瞠目結舌。

ABS 是一種工程塑膠，並非汽車的剎車系統，是丙烯（AN）、丁二烯（BD）和苯乙烯（SM）三種石化原料的聚合物，是製造玩具、餐具、文具、家電、電腦、電話、音響、電視乃至飛機、太空梭等交通工具不可或缺的塑膠原料。我們早上醒來離不開ABS，晚上睡覺也離不開 ABS，它像人類的思想，時時縈繞腦際。

一九五三年八月只有八坪大的奇美實業廠在台南市和平街成立，代表人登記是許文龍。一九六〇年壓克力板在台正式上市，在此之前，「壓克力」這三個字還沒誕生，它被稱爲「不碎玻璃」，大陸管它叫「塑膠玻璃」，這三個字是奇美公司向中央標準局登記的商標名稱，在此之前，壓克力只有學名叫「甲基丙烯酸甲脂」樹脂，又臭又長，背都背不起來。

一九六五年奇美成立台灣第一家 PS 製造廠，月產量一百五十公噸；一九六八年保利化學公司成立，生產 EPS，月產量二百公噸，同年仁德實業公司成立，從事 EPS 加工；一九七〇年赴海外合資，在菲律賓、泰國、馬來西亞生產壓克力板、化妝板，因選錯合作對象，鎩羽而歸；一九七二年設新加波、香港投資公司；一九七四年因應石油危機，市場蕭條，採取「收縮平衡」的戰略，不減薪、不裁員、不減少研究經費；一九七九年投資台灣苯乙烯公司；一九八五年奇美和保利兩家公司合併，合併後的優勢是產銷管理一元化與合理化；一九八七年接管「逢甲醫院」，以後更名爲「奇美醫院」，同年，ABS 年產量三十萬公噸，兩年擴充五倍，成爲全球第二，僅次於 Borg Warner。當台灣尚未實施隔週休二日時，奇美已於一九八八年七月一日起實施一週上班五天，創台灣第一。一九九〇年，ABS 年產量五十萬公噸，居世界霸主地位，同年成立藝術資料館，發布以十五億台幣打造「奇美藝術園區」。一九九四年日本《經濟新聞》刊載台灣占世界第一位的產品有奇美 ABS，年產八十萬公噸，占全球百分之二十五；宏碁 PC 占百分之四十，長榮貨櫃船占百分之六，華隆聚脂長纖占百分之六。同年投資大陸九千四百五十萬美元，生產 ABS、PS。一九九九年六月二日，許文龍獲頒日本「亞洲經濟發展獎」，這是該獎首次頒給民間企業經營者，過去該獎一直是頒給政府高官。一九九九年有鑑於韓、泰等國的 ABS 樹脂企業的出口成長，而轉投資液晶顯示器市場。

奇美公司的經營理念令企業界嘖嘖稱奇，公司內實行「無為而治」的作法，使上下一體，分權負責；確立「經營權與所有權分開」的觀念，自外界聘請無數的優秀人才來經營，以突破家族式經營的瓶頸。奇美集團的「經營委員會」是台灣企業界的奇畫，自七〇年代迄今，已運作超過四分之一世紀，無論大小商戰之企劃、擬定、執行、追蹤、考核全出自該委員會，其效率之高、思慮之密，使其每能成為「世界第一」。

台灣企業中沒有比奇美更重視藝術文化，奇美文化基金會下設藝術資料館、兵器博物館、自然史博物館、奇美醫院，並設置各種獎學金。奇美文化基金會收藏有全世界最多的古董名琴，台灣有名的小提琴家如林昭亮等均曾向該基金會借過小提琴。該會在倫敦、巴黎、紐約、東京各地藝術品拍賣場，可以落槌成交，欠帳無需預付金。更值得一提的是，英國前首相柴契爾夫人不知道台灣的達官貴人，卻知道有一家奇美藝術館及許文龍這一號人物。

四、「宏碁」——圍棋理論、微笑曲線相得益彰

一九七六年施振榮與七位股東在台北成立宏碁公司，員工十一人，從事貿易及產品設計，同年與張國華在美國合資成立分公司。一九八一年成立宏碁電腦公司，推出「小教授一

號」電腦學習機，開始自創品牌，一九八四年成立明碁電腦公司及「宏大創投公司」。一九八七年將品牌由 MULTITECH 改爲「ACER」，從此行銷世界，一九八八年「宏碁電腦」股票上市，一九八九年與美國德州儀器公司合資成立德碁半導體公司，投入 DRAM 生產，一九九〇年投資九千四百萬美元併購多人使用電腦廠商高圖斯公司，同年公司採取重大分權措施成立五個策略性事業群（SBU）與四個地區性事業群（RBU），同時將總部遷往桃園龍潭鄉。一九九一年與德國賓士集團旗下之 Temic 公司合資成立國碁公司，從事混成微電子系統的設計與製造，同年在美國推出第二品牌 Acros 個人電腦，一九九三年將企業總部搬回台北，同年，德碁半導體開始量產 4Mbit DRAM，開始獲利，一九九四年與墨西哥經銷商 COMPUTEC 合資成立拉美宏碁公司，成爲全球第七大個人電腦品牌，在拉美市場占有率躍升爲第一名。

一九九四年根據美商泛美公司評鑑，宏碁商標價値約合台幣一千二百七十．八億（相當於四十億美元），世界品牌第一名是可口可樂，其價値是三百五十九．五億美元。一九九五年宏碁電腦在蘇比克灣設廠，明碁在大陸蘇州設廠，同年，集團營業額突破一千五百億台幣，「宏碁國際」也在新加坡股票上市。一九九六年宏碁電腦獲《天下雜誌》「最佳標竿企業」第五名，施振榮是次於王永慶最受尊崇的企業家，更獲《亞洲商業周刊》選爲「一九九六年亞洲十大最受推崇之企業」，爲當時台灣唯一名列其中的企業。一九九八年據中華徵信所調查，宏碁在台灣五百大企業中，製造業排行第二名，營收淨額九百七十九億台幣，僅比第一名的中鋼差五億元，一九九九年營收一千二百億台幣。

九〇年代初期，宏碁發生財務危機，裁員台灣三百人，美國一百人之後，又賣掉廠房，將員工每週上班縮短爲四天以因應不足的訂單，倉庫更積壓近五十億台幣的庫存，但是並不阻礙宏碁自創品牌、產業升級、提高產品競爭力的決心，直到一九九九年，其產值達一千二百億元台幣，世界六大個人電腦廠商之一。

宏碁成功的基礎得力於「圍棋理論、微笑曲線」在公司內部得到員工認同並形成共識。圍棋理論的正面思考方向是創業者應該站穩利基市場，再穩妥進入大市場。綜合以上邏輯思考，初創業時，資源有限，容易被大市場的競爭者包圍，導致失敗，進入小市場比較容易站穩適當的地盤。微笑曲線的正面思考方向是企業首要競爭力是成本，而幣値高、人工貴是競爭力衰退的首惡；其逆向思考則是速度才是企業首要競爭力。綜合正反方向的思考邏輯，速度本身就是成本，速度快可以降低成本，但是降低成本卻不能使速度加快。

五、「長榮」——陸海空三棲常勝軍

《美國航運》雜誌曾評論張榮發為「海上之神」，長榮集團為「超級貨運帝國」。張榮發並無顯赫家世背景，也無衆兄弟聯手共創事業，僅憑一己之力赤手空拳打下一片「帝國江山」。

一九六一年張榮發和廖文良、朱向榮合夥成立「新台海運公司」，生平首次創業，後因理念不合退出，一九六五年與田九經、蕭易水、蕭如水兩兄弟合組「中央海運公司」，再度合夥失敗，一九六八年創立「長榮海運公司」取「張」姓的長字邊，榮發的榮，故名「長榮」，一九七三年成立「長榮運輸公司」，經營汽車貨櫃運輸業，一九七四年在紐約成立「長榮美國公司」，負責美國地區業務，一九七五年成立「長榮國際有限公司」（巴拿馬），為長榮集團巴拿馬籍船舶的主要船東公司，一九七六年在加州設立分公司，負責美西業務，一九八二年成立「長榮重工公司」，經營貨櫃製造、修理、翻新及車體製造，一九八三年成立「長榮貨櫃公司」，並在桃園南崁興建遠東地區最大內陸貨櫃集散場，一九八四年成立「立榮海運公司」，經營近洋區域航線服務，一九八五年長榮集團躍居全球最大貨櫃船公司，一九九一年七月一日「台灣之翼」長榮航空正式開航，一九九三年台灣首家長榮國際五星級連鎖旅館正式營業，一九九五年張榮發榮獲美國南卡多萊納州州立大學企管學榮譽博士學位，一九九八年長榮桂冠酒店（檳城）開業，一九九九年長榮桂冠酒店（巴黎）對外營業。

至今張榮發從一無所有發展成了統領「陸、海、空」的三軍統帥。一九八七年，一九八八年，張榮發連續兩年榮登美國《富比士》雜誌公布的全世界億萬富翁排行榜，成爲全球擁有十億美元以上資產的大富豪之一，在台灣僅次於超級富豪蔡萬霖及經營之神王永慶。

長榮在其貨運超級帝國締造出「七個第一」：

①長榮是台灣第一家以遠洋定期航線爲主的船運公司。

②一九六九年，在中東貿易還不熱門之際，率先開闢中東定期航線。

③第一家跑中美洲定期航線。

④第一家經營貨櫃航線。

⑤貨櫃承運量高居世界第一位，其轄下長安貨櫃集散場，每天進出車輛在三千五百車次以上。

⑥一九八五年七月完成雙向行駛的環球航線，有如一條繩繞圓杯一樣，把地球圈起來。

⑦長榮是台灣最早也是唯一在美國紐約世界貿易中心設立辦事處的企業。

長榮非常重視企業的管理方式，以辦公桌爲例，中層幹部課長級，坐鎭前方，兩排彼此相靠的辦公桌，每位都熟悉鄰居的業務，可以互相照應。長榮制度威嚴，主張一流公司用一流人才，一流人才給一流薪水，不怕你領高薪，只怕你無法領。長榮航空還規定，空中服務員在上飛機前要開會接受勤前教育，下飛機後不能馬上回家，要回公司寫報告。另外，飛機機師也從不採用空軍退役軍官，一律自己培訓，到今天長榮航空飛行事故仍保持零紀錄。

長榮同時也扮演「外交公司」的角色，一九八四年，美國舊金山市長范士丹女士對台灣並不友善，不僅拒絕組團訪問台北姊妹市，且不歡迎台北市組團前往舊金山訪問。長榮僅由駐舊金山分公司經理出面邀請，范士丹市長就欣然來台訪問了。而且舊金山市將每年六月二十二日訂爲「張榮發」日，這不僅是長榮之榮譽，也是台灣之光榮。

六、「國泰」——堅實沉穩，科學管理

提起國泰，每人都會想到蔡萬春、蔡萬霖昆仲。蔡萬春生於一九二〇年，蔡萬霖生於一九二四年，兩兄弟相差四歲。早期蔡萬春兄弟把目光盯向販賣蔬菜、大米、醬油之類民生物品，由於辛勤奮鬥，累積雄厚資本，營業範圍擴大到百貨、建材、塑膠、建築等行業。至六

○年代蔡氏家族企業已頗具規模，先後創辦大萬商場、大萬旅社、大萬產業公司、大萬工業公司、第十信用合作社等。一九五七年，蔡氏兄弟接管「十信」，成功的管理爲蔡氏兄弟涉足金融業揭開序幕。「十信」的一元幸福存款獲得空前成功，連蔣介石都親自到「十信」開戶，以鼓勵「全民儲蓄風潮」。一九六一年台灣開放民間保險公司的設立，一九六二年國泰人壽保險公司正式成立，當時任財政部政務次長周宏濤代表嚴家淦親臨剪綵，從此誕生世界超級巨富，台灣最大集團——國泰集團。

一九六七年國泰人壽在台灣市場占有率爲百分之四十二·八；一九七五年蔣介石去世，國泰捐三千萬台幣建中正紀念堂；一九七九年蔡萬春不幸中風，蔡氏集團分爲四大部分：蔡萬霖分得「國泰人壽」、「三井工程」，稱爲「霖園集團」；蔡萬才擁有「國泰產物」、「富邦建設」、「富邦租賃」，稱爲「富邦集團」；蔡辰男擁有「國泰信託」、「樹德工程」、「來來飯店」、「國信食品」，稱爲「國信集團」；蔡辰洲擁有「國泰人壽」股份、「國泰塑膠」、「國際海運」、「理想工程」、「國璽印刷」，稱爲「國塑集團」，國泰企業集團就此宣告瓦解。一九八五年發生驚動台灣的「十信事件」，蔡辰洲被判一百二十五年徒刑，一九八七年五月蔡辰洲病死國泰醫院。一九九○年蔡萬霖次子蔡宏圖接任國泰人壽董事長，一九九六年營業收入達新台幣五百五十三億元，一九九七年稅前盈餘超過二百億台幣，創歷年新高，同年市場占有率從百分之五十四降到百分之三，創新低。

蔡萬霖有一套經營哲學，即對不熟悉又冒險的行業，絕不涉足。「霖園集團」的標誌是，一棵大樹扎根於大地，根系交叉盤錯。可看出以蔡萬霖為首的國泰集團追求根基堅穩的風格。國泰集團一向重視人才管理，國泰創建之初，每一年都招考大專畢業生，作為公司的儲備幹部，此項傳統至今仍被完整地保留著。為了激勵國泰職員的企業精神，在蔡萬霖主持下，由全體員工集思廣益，創作了「國泰之歌」，每天早上八點半，一邊做早操一邊高唱「國泰之歌」，同時高呼「振興國泰，造福客戶」等口號，這種「黃埔軍校式」的軍事化形式管理，激勵員工士氣，使國泰人壽業績一直穩居龍頭寶座。中高層主管實行「三年輪調制」的實施，旨在提高經營效率，防止舞弊，此項制度使妄想結黨營私者，失去環境和土壤。「景氣最差時，仍有人賺錢；景氣最好時，仍有人虧本」；「財散則人聚，財聚則人散」是國泰集團給員工的座右銘，貪婪必將使人心離散，只有將員工的利益與霖園利益聯繫起來，才能使「金山」不倒，因此推出「人人都是小富翁」的措施。一九八六年，蔡萬霖拿出四億元台幣的股票，供科長級以上員工入股，等於是讓每位入股者淨賺一百萬元，國泰自創辦以來已有三次讓員工入股的機會，有的老員工擁有的股票已價值上億元，成為眞正的「小富翁」。

國泰人壽最擅長以綿密的人脈深耕市場，業務的兩大系統「專招制」和「展業制」，都是以人脈爲業務起點，專招制度的業務員沒有業務區域，靠的是人脈，全台灣都是業務範圍；展業制度以畫分清楚的區域爲業務範圍。另外行銷拓展部 TOP-A（TOP ADVISOR）以台北、台中都會區爲據點，訓練高學歷的壽險顧問，職團部以都會的公司行號爲保險行銷重點。國泰人壽的投資優先順序是「流動性第一，安全第二，獲利第三」，一向採取穩紮穩打的策略，至今未有絲毫改變。國泰人壽鼓舞業務員的最高獎勵是「董事長榮譽餐」，包括與董事長合影，參觀董事長辦公室等，讓每一位員工皆視爲無上光榮。

蔡萬春死後，蔡氏分家，除了老二蔡萬霖得到「金雞母」的國泰人壽外。老三蔡萬才分得「富邦集團」，一九八八年開始陸續創立富邦證券、富邦銀行、富邦投信、富邦人壽、富邦期貨，一九八八年更積極投入工業銀行、台灣高鐵的籌備，由於第一代與第二代間培養良好的團隊默契，由「父子關係」調整爲「夥伴關係」，一九九七年富邦集團稅前淨利有一百億台幣以上。有鑑於蔡氏分家切身之痛，蔡萬才期勉兩個兒子要分工，不要分家，不要讓集團分裂，讓第二代都做合適自己個性的工作。富邦的「書房會談」是業界出名的，蔡萬才常召集蔡明忠、蔡明興兩兄弟在自家的書房，從小事情談到大道理，很多重大決策，由此而生。「富邦」未來事業版圖採取「三合一」的整合，保險、證券、銀行合爲一體；企業應將所有權與經營權分開，企業主應該扮演所有人的角色，即眞正董事會控股的角色，各事業部門交由

專業經理人來負責，這是企業要永續經營的方法，也是大勢所趨。「成本控制」的嚴謹與國泰人壽如出一轍，使富邦得以獲取巨大利潤；同時也重視員工人才的培育，「富邦員工教育中心」是其他集團難望其項背的。

蔡辰男為蔡萬春長子，係蔡家「嫡長子」，其分得「國信集團」因受「十信風暴」牽連，信用受損，財務陷入困境，有關單位希望他協助處理善後問題，以免造成台灣社會更大危機，同時追回所放款項，但是「國信」已被政府接收。後來台北來來飯店賣給豐群集團，其他企業也相繼出售，一九九〇年蔡辰男赴大陸大連投資大型購物中心（SHOPPING MALL）「勝利廣場」，於一九九八年四月三十日正式營業；同時在東北發展「量販店」及「便利店」，由台灣轉戰東北，從此把事業重心放在大陸。

七、「裕隆」——大膽放權，求新再創新

提起裕隆集團，便使人聯想到吳舜文，裕隆幾乎與吳舜文畫上等號。吳舜文和丈夫共同創立的裕隆集團，經過四十多個寒暑，如今已發展為擁有台元紡織、台文針織、裕隆汽車、中華汽車、裕隆工業、裕盛工業、友聯車材、中華台亞、裕元開發和中國鑄管廠、裕融企

業、世紀半導體、新安產險、華菱汽車、嘉裕西服、經惠實業等二十多家關係企業，員工人數達一萬多人。據《卓越雜誌》公布，一九九二年裕隆集團的資產值已達新台幣四百一十億元，營業收入四百四十億元，財富淨值爲八十億元，名列台灣五百大企業。

一九五二年吳舜文夫婦從美返台，嚴慶齡在台北新店創辦裕隆汽車廠，吳舜文在新竹創辦台元紡織廠。一九五六年裕隆推出「裕隆牌」裝配吉普車，一九六〇年「青鳥」小轎車上市，一九六二年與義大利諾森蒂工業公司簽約製造摩托車，一九六二年「台元」榮獲全台灣棉紡織品品質第一名金像獎，一九六四年裕隆汽車廠正式更名爲「裕隆汽車製造公司」，一九七六年各種車型汽車產量一．六萬輛，成爲台灣最大汽車製造廠。一九八一年汽車產量五．七四萬輛，營業額一百六十億台幣，同年三月，嚴慶齡去逝，五月，三義汽車廠第一期工程正式投產。同年，「台元」成爲台灣規模最大的棉紡織廠，一九八六年推出自製率達百分之九十的「飛羚101」，營業額突破二百億台幣，吳舜文成爲當年納稅排行榜冠軍，一九八八年中華汽車公司推出商用車「中華威利」，一九九〇年吳舜文率團赴中國考察投資環境，尋求開發新市場。同年，二十四歲的嚴凱泰擔任裕隆執行副總經理和總管理處執行長，一九九五年連續三年虧損，市場占有率從百分之六十降到百分之二十，一九九六年轉虧爲盈，一九九七年營收四百五十二億台幣，稅前盈餘五十億。據中華徵信所調查，一九九八年台灣五百大製造業中，裕隆汽車集團連續三年成長，由十四名晉升到第五名，營收淨額五十三億，中華汽車由十七名升到第六名，營收淨額五二．八億台幣。一九九九年十月廿八日，裕隆以三千兩百萬美元，買下日本日產汽車（NISSAN）菲律賓廠的百分之七十五股權，並在當地設立三家公司做爲進軍東協各國的基地，未來投資規模將增至一億美元。裕隆併購日產菲律賓廠，是台灣汽車業高喊國際化多年後，第一次大規模進軍，且是買下其合作母廠的海外公司，象徵意義重大。

裕隆採取「目標管理」的方式，要求集團所屬公司每年提出一份確實可行的年度計畫，再分解成每日目標，根據此計畫和目標，再進行深入基層檢查工作，大膽放權，交給專業經理人負責，同時也重視提高工作效率，要求員工們將每個細化的工作目標，落實到具體的人和時間上，制定嚴格審核制度，由主管工作人員分層管理，分層負責，使工作流程井然有序，協調嚴謹。在利潤分配上，採用與工人共享其利的制度，用「定期結算」與「年終結算」相結合的辦法，計算同時讓員工參與，使員工知道公司的投入成本、回收利潤，公司得多少，員工得多少，因爲增加財務透明度，使員工感到公平公正公開，以提高激昂戰鬥力！裕隆重視勞資和諧，成立勞資合作機構，更注重獎勵制度，將員工提高生產率所獲得的一半效益獎勵給所有參與者，激勵員工團結合作，積極參與公司發展。快、狠、準是裕隆的企業特質，管理速度要非常快，品質要求要非常好，市場需求要非常準。經營哲學是「用心帶腦，用腦帶人」，一切的事情都要從心帶起。裕隆的經營理念正如吳舜文所說「前面的路很長，我還要不斷開拓」，及繼承衣缽的嚴凱泰說：「這舞台不錯，我還沒跳完！」

八、「東元」——一流人才、一流產品

東元從員工僅數十人從事馬達製造的小公司，發展成擁有近二十家關係企業，據點遍布全球的國際性電機集團，成功關鍵在於公司與全體員工的緊密結合，以一流產品服務顧客，並誠心且公開地將經營成果與員工及股東分享。一九五六年林長城與林和引、孫炳輝，偕同林波土、錢水木共五人，於三重市創辦東元電機股份有限公司，資本額二百萬台幣，一九六〇年成功自製全台灣第一台三百匹馬力大型馬達，產品開始外銷至泰國、印尼、越南等東南亞市場，爲台灣電動機外銷的創始者，一九六五年與日商日立製作所技術合作，製造 IEC 規格 E 種絕緣電動機及防爆型電動器，一九六六年投資創立東洋培林公司，一九六九年成立台安電機公司，一九七一年東元馬達在台灣市場占有率爲百分之四十四，並外銷日本、美國、澳大利亞等已開發國家，一九七二年創立「新加坡德高公司」，一九七三年股票以第一類股公

開上市，一九七六年在美國成立「得高（美國）有限公司」推銷東元產品，一九七八年首創全台最大二十六吋彩色電視機開發完成，一九八〇年於新竹科學園區設立「東訊股份有限公司」，以承接電信局通信器材為主要業務，一九八二年設立「聯昌電子股份有限公司」。同年，「監視器」獲 IBM 評定為零缺點，一九八三年成立澳洲德高公司，一九八七年公司改組為事業部制度，共分為重電事業部、家電事業部、資訊事業部等三大事業部，一九八八年與美國西屋電氣公司合資成立「美國西屋馬達公司」正式營業，一九八九年創立「東元資訊股份有限公司」，同年澳洲德高公司墨爾本公司成立，一九九一年林長城董事長退休，被聘為名譽董事長，一九九三年成立「財團法人東元科技文教基金會」，以「科技、前瞻、進步」為宗旨，推廣創意科學教育，以回饋社會，服務大眾，一九九九年東元資訊映像管市場營收突破一百億台幣，年底，新莊廠改為工商綜合區。

林長城創立並經營東元前後長達三十三年，將棒子交給黃茂雄，為東元樹立專業經理人的典範，完整的培訓計畫是「東元」永續經營、不斷成長的成功因素。必須要有廣受消費者好評的一流產品，而一流的產品又必須透過一流的人才，才能不斷地研發技術、創新產品與提升服務品質。實施附加價值制度，以合理的獎金制度激發員工創新、增加生產力，當金錢與目標管理加上在職訓練巧妙地一起搭配運用時，效果更加彰顯。東元所謂的「附加價值」，即是企業本身所創造的價值，其公式爲：「銷售金額」減「直接材料」減「折舊」減「動力費」減「託外加工（外包）」減「間接材料及費用（不含人事費）」等於「附加價值」，在所產生的附加價值中，再清楚明定勞動分配率，即「薪津」加「獎金」，也就是以固定的比率分配給員工，這個比率最初定爲百分之三十七，後來上升到百分之四十，因國民所得逐年提高，又跳升到百分之五十，故每位員工都是薪資的創造者，只有提高附加價值，個人的福利才能提升，員工視廠爲家，努力降低成本，提高產品競爭力。開放員工入股及員工可以擔任董監事，使員工受到莫大鼓舞與努力，東元董監事成員中，員工股東所占比例曾達百分之三十以上，與董事會共擔監督重責。「無私的企業組織」是東元得以棒棒相傳的原因，只有當無私的心透過行爲舉止不斷湧現，才會累積員工對公司的信賴與向心力，使企業得以成長，要發自內心的將員工視爲眞正的事業夥伴，大公無私的爲員工爭取福利，員工的成功，才是東元的成功。

九、「中鋼」——無我團隊，人是資產

國營企業中，「中鋼」是各行的表率，它雖年輕，不到三十歲，但是它朝氣蓬勃有活

力，是國有民營化的「大哥大」；身爲台灣經建的老兵、中鋼創辦人、經濟部長、經建會主委、國策顧問的「趙鐵頭」——趙耀東，更是親手把「中鋼」打造得沸沸揚揚。

一九七一年，中國鋼鐵股份有限公司成立於台北，次年成立高雄工地辦事處，一九七四年第一期建廠工程啓動，同年，股票上市，一九七五年總公司遷到高雄，同時廢除高雄辦事處，一九七七年由民營公司改制爲國營單位，同年第一期工程完工，正式量產，年產粗鋼一百五十萬公噸，一九八二年第二期擴廠完成，年產粗鋼三百二十五萬公噸，一九八八年第三期擴廠完成，年產粗鋼五百六十五萬公噸，一九八九年到海外發行全球存託憑證（GDR），推動民營化工作，一九九〇年稅前純益率百分之二十五．七，是全世界經營效率最高的鋼鐵公司，一九九三年第四期擴廠開始，一九九五年四月由國營事業改制爲民營公司，同年投下巨資二百一十七億美元充實環保設備，占總投資百分之十三，九月與桂裕公司合資台中大煉鋼廠，資本額五百八十五億元台幣，二〇〇〇年完成，年產粗鋼三百二十五萬公噸，一九九五年榮登亞洲一百大企業第三十一名，一九九六年轉投資電子與資訊產業。據中華徵信所調查，一九九八年中鋼榮獲台灣五百大製造業民營年營收之首，達九百八十四億台幣及獲利最高，達一百六十八億台幣。另據「《天下》一九九九年台灣製造業一千大」統計，中鋼僅次於中油、台灣菸酒公賣局居第三位。

中鋼是一家年輕的公司，故鼓勵員工做事時須運用他們的智慧，放手去做決策，任何錯誤有老一輩的人來承擔，不怕犯錯，只怕你不做！不怕犯錯的思維造成老中青三代的互動，中老年人的穩健，年輕人的幹勁，彼此搭配，帶動團隊力量的發揮，促成企業蓬勃的朝氣，使中鋼邁向成功。趙耀東曾對中鋼說出自我期許的話：「台灣的工業從前是喊 MADE IN TAIWAN，MIT，現在要 HIGH VALUE ADDED IN TAIWAN，我更希望鋼鐵業的成功，帶動其他附加價值更高的工業，希望不是中小企業的型態，而是一個大型、集體的創作。」希望以中鋼亮麗的業績，帶動高附加價值工業在台生根。

中鋼集團目前有十五家公司，跨足鋁業、化學品、高爐水泥、矽晶圓、貿易、船運、營建等行業，西元二〇〇〇年營業額達到一千五百億台幣以上。中綱要由鋼鐵生產者，變成鋼鐵供應者，然後再蛻變爲工業原料供應者，倚仗的資產是「人」，人是最重要的資產，人是沒有辦法隨時取得的資源，而中鋼有六百位以上放洋回國的優秀工程師與經營者，因爲人才太多，中鋼須不斷多角化經營，拓展事業，同時也鼓勵其他公司來中鋼挖角。曾任中鋼董事長的傅次韓說：「制度可使一群平凡的人建立不平凡的事業。」中鋼以產銷獎金制度來激勵員工改善作業方法、增加生產、降低成本，員工每月所領獎金，占薪水的百分之三十左右。實施自主管理制度，鼓勵基層員工發揮創造性思考，共同改善作業流程，培養團隊精神。中鋼

制定規章，賞罰分明，如代打卡，一律開除，貪污不僅開除，同時移送法辦，尤其是要求各事業主管以身作則，以眞正建立風氣。趙耀東他「大膽去做！一切責任由我負責！」的授權作風，給不敢掌權作主的主管，打了一劑強心針。身爲世界第十五大鋼鐵廠的中鋼，其盟主寶座是台灣任何後來者難撼搖其地位的。

十、「威京」——展翼突圍、振翅高飛

「省（沈）主席好」，這是一九九七年十月威京集團遷入台北東興路集團總部，沈慶京上台致詞時，台下給他的問候語。這位威京集團主席掌握總資產一千一百億台幣的「威京小沈」從此展翼突圍，振翅高飛。

一九七四年四月沈慶京到「聯大報關行」上班，開啓他與紡織配額事業的不解之緣，同年十月與蔣德昭、麥在倉、郭國賢成立「威勇貿易公司」，一九七五年股東拆夥，一九七七年小沈被台灣紡織界稱爲「配額大王」（King of quota），成爲紡織配額霸主，一九八四年國貿局查緝假配額，發生「紡織業調查局事件」，牽連廠商一千二百家，一九八五年威勇正式轉型爲「威京開發公司」，一九八七年投入股市二十五億台幣，購買光寶電子、台紙、士紙、南港

輪胎，被稱爲股市四大天王之一。七月，以十二億元標到唐榮鐵工廠土地，定名「京華再開發計畫」，是台灣第一宗大型購物中心開發案。一九八七年成立「春池建設」，同年贊助凌峰拍攝「八千里路雲和月」節目，又成立「京華國際財務管理顧問公司」正式跨入金融業，一九八八年投資筆記型電腦生產，五年後虧五億元關門，同年成立「京華證券」，一九八九年成立京華證券上海辦事處，一九九三年成立香港京華證券國際公司，拓展國際化證券業務，同年在中國河北省保定設立「凱華工業」生產各式磁磚售往北方市場，又取得承銷「陽明海運」官股釋出權，一九九四年完成中化、中工承銷案，威京成爲兩家公司大股東，一九九五年完成「中鋼民營化」作業，同年發生「陳朝威辭職事件」引發威京集團嚴重財務危機，十一月成立京華證券新加坡公司，一九九六年四月「京華證券」掛牌上市；九月「春池建設」股票上市，十一月，新加坡國家投資公司（GIC）所屬樂高公司投資十二億台幣，威京財務危機解除，一九九七年投資台幣一百億元，興建年產十二萬公噸畺（CPL）工廠，使中石化公司成爲亞洲第一，世界第四大製造供應商，一九九八年以九千萬美元購入日本山一證券香港分公司，成爲台灣第一家購入日本世界級公司的企業，同年提出「捍衛亞洲」，「亞洲貨幣統一——亞元」的新主張，五月在大陸北京舉行「集團北京聯合辦公室」啓用酒會，來賓一千多人，是當地台商有史以來最盛大的活動，也有大陸政商名人參加。

威京集團向事業挑戰的座右銘是「打響知名度的作戰方式，就是向最強者挑戰。」出其不意地向大家公認的無敵手宣戰，最能迅速有效地在商場上立下威望。「人要創造被利用的價值，不要怕被利用，能被人利用表示自己有存在的價值，經營事業是如此，策略聯盟更須一致。」唯有不斷創造被利用的價值，才不會被淘汰，企業才能永續經營。威京集團的經營理念是「誠信」、「顧客至上」、「快、狠、準的專業判斷」及「紮實的法律知識」。「誠信」的金字招牌沒了，事業不會有永續經營的可能；顧客是上帝，顧客永遠是對的，要讓顧客滿意，要設身處地幫客戶解決難題，要有以客爲尊的精神。商場如戰場，作戰、談判一是要先發制人，談判時要採取緊迫盯人的戰術，直到事情圓滿解決。經濟與法律是分不開的，經營事業必須鑽研各種規章法條，方能立事業於不敗之地。「威京」每投資一項事業，都造成人心震撼，舉手投足，都是世人目光焦點。

十一、「遠東」——善於財務調度，以管理取勝

四十年前，遠東紡織創辦人徐有庠買了第一台紡紗機以來，如今遠紡集團已橫跨化纖業、高科技業、資訊業，還有投資控股公司等事業，包括三十六家企業，含遠紡、遠百、亞

泥、遠東商銀、遠傳電信、東聯化學、裕民航運，尚不包括另外五十一家投資控股公司。一九九八年總營業額達一千六百億台幣，雇用二萬多名員工。未來遠紡將赴海外發行 ADR 或 GDR，遠傳電信也將赴美國那斯達克市場上市。

分析遠東集團的競爭優勢，司徒達賢博士有精闢的分析：「第一，在兩大根本產業紡織、水泥上下游垂直整合，使得產業活動的價值鏈長，企業改造的空間大。第二，跨越不同業的水平式擴充投資策略。第三，雄厚的財力和大筆土地資產。第四，一批忠誠且擁有國際金融操作調度能力的財務管理幕僚。」遠東施展國際化、多角化策略的重大方向之一，是最為人稱道的財務調度能力。在財務專家眼中，遠東的財務槓桿操作靈活創新。但部分以製造起家的企業，卻對遠東營業外收益超過本業經營的表現不敢領教。他們認為這是一種錢滾錢的方式。

遠東並不固守傳統的行業，並已積極轉型，跨入資訊、通訊事業。遠東集團旗下的遠傳電信，一九九七年一月取得台灣行動電話全區和北區經營許可執照，並不惜巨資投資一百多億台幣，在台灣全省建立八百多個基地台。至一九九九年七月為止，遠傳已有門號一百四十萬客戶，年底達一百七十萬戶，並已有獲利回饋母公司。二〇〇〇年與和信集團進軍固網業務，分食台灣龐大電信市場。

「遠東百貨」是遠東集團第二大事業，但這頂后冠正面臨日資百貨的強烈挑戰。「遠百」擁有十三家分店，兩千四百多名員工，一九九六年締造一百八十四億元的營業收入，《天下雜誌》排行榜中，在服務業占二十二名，九七年仍維持百貨業的龍頭地位，九八年卻被新光三越以近二百三十九億追趕過去。「遠百」在台灣的零售業舉足輕重，深具意義——「遠百」除了是台灣最大、最老的百貨集團，也是台灣前三大的百貨集團中，唯一沒有日資的本土百貨集團。而大型購物中心陸續開張營運，寬敞而完整的商品展示空間，帶給中型百貨公司更大的轉型壓力。統領百貨東區店已敗下陣來，以中型賣場為主的「遠百」，應更能感受激烈競爭的到來。

「遠東」跨足各行業，領域各有不同，企業文化的建立和融合將是集團的中心。在「遠東」的文化系統中發揮「團隊精神」，彼此互相了解，領導人的「雙重文化」、「國內和國外文化」引領大家勇往直前。追求穩定性高，具有專業能力的高階主管是「遠東」的目標。

從上海到台灣，遠東人腳踏實地，一步一腳印的走過大半個世紀，成為今日台灣的五大集團之一。有人問徐旭東，遠東最大的競爭優勢是什麼？他說：「我就是競爭優勢。」

十二、「台積電」——從灰姑娘到金雞蛋

一九八五年，張忠謀辭去待遇優渥的美國通用器材公司總裁，應行政院長俞國華、李國鼎政委及台灣工業技術研究院董事長徐賢修邀請，來台擔任工業技術研究院院長。隔年，創辦「台灣積體電路製造公司」（台積電）並任董事長至今，已有十五個年頭。如此年輕的公司，竟創造獲利最高的紀錄。台積電從十五年前不被看好的灰姑娘，到今天蛻變爲投資法人的金雞蛋、台灣高科技的搖錢樹。

短短十五年，台積電從無到有，從接受技術到技術自主、移轉技術到美國，到今天，成爲台灣各企業獲利最高的佼佼者。台積電專注本業，堅守只幫客戶製造晶圓的代工本業，不做設計，不與客戶競爭，累積大量盈餘，至一九九四年在台灣證券交易所上市，一九九五年營收超過十億美元。一九九六年獲利近兩百億台幣，超過台塑三寶——台塑、南亞和台化——獲利總和，獲利率近百分之五十。一九九七年，在《天下雜誌》標竿企業聲望調查居首，在十項指標中有七項居於首位。一九九八年，張忠謀獲美國《商業周刊》（*Business Week*）遴選爲全球最佳經理人之一。一九九九年，全球兩百大新興市場企業，台積電排第四。未來

十年，台積電將投資四千億台幣，建興六座晶圓廠，向營業額一百億美元邁進，成爲世界級大型公司。

因爲前瞻，因此台積電必須積極培養創新能力。不但重視創新，更重紀律，大從採購不得索取回扣，小到工廠清理、安全措施，都馬虎不得。台積電未來的領導人，必須具有「人格與價值觀」，即一顆無私的心以及讓人願意跟隨的價值觀；其次則是有願景，以及可達到願景的策略等三大特質。

一九九九年六月以來，台積電一改過去謹守本業，從來沒有與外界進行合作計畫的作風，如今併購國內最大個人電腦廠商「德碁半導體」的三成股權，並且與國際第一的IBM進行策略聯盟。同年六月二十二日正式宣布世界先進與日本三菱電機、力晶半導體結盟。連串的購併行動，使一向保守的台積電愈來愈靈活，台積電股本已突破七百億台幣，但公司經營將愈來愈有彈性，目標是在國際半導體產業界，營業額由目前的世界前十名進入前五大。張忠謀評估台灣半導體業還有十年榮景，在二十一世紀傳承半導體的行業包括軟體、電子商務及生物科技等產業，台積電正思考往這方面發展的可行性。

台灣經濟研究院對台灣半導體的競爭力指出，半導體產業是未來十年台灣的主導性產業，一九九九年台灣半導體投資金額達四十五億美元，二〇〇〇年達一百三十億美元，可望超越日本。十幾年來台灣半導體業，年複合平均成長率高達百分之十五，是處於高速度成長期的產業，目前已躍升爲台灣電子產業中的第一大產業，且所占比例逐年上升。全球市場占有率約爲百分之四左右，僅次於美國、日本與韓國。半導體產業的策略聯盟爲大勢所趨。台積電似乎早就嗅出這股味道，並且正以大張旗鼓的速度在進行。

十三、「聯電」——槓桿擴張，精悍迅捷

一九八〇年，聯華電子在一片懷疑聲及「開汽水聲」中成立，三十三歲的曹興誠擔任總經理。在當時的經濟部長孫運璿指示「只許成功不許失敗」，工研院長方賢齊堅定支持，及潘文淵顧問的指導下，把 CMOSIC 技術成功引進，並且根植台灣。

從 RCA 到電子所，再到新生的聯華電子。這套技術轉移模式——先轉入研究機構，培植人才，實施少量示範性生產，技術成熟後，再轉入民間大量生產——不僅在積體電路的技術引進上使用，經濟部甚至推廣至其他高科技產品的技術引進上。一九八二年四月，聯華電子開始大量生產，一年半後轉虧爲盈，創下超過四倍的成長率，並勇奪台、港、韓三地百分之五十的電話機積體電路市場。逐漸站穩腳步的聯電，再向前邁進，在一九八七年以前，達

到一億美元的營業額。一九八七年以後，達到百分之四十內銷與百分之六十外銷，其中百分之三十銷到美國。一九九五年，聯電在國際市場掀起記憶體價格大戰，連英特爾、三星等百億美元大廠，都遭到挑戰。一九九八年初，聯電只花一個月就籌到一百五十億的擴廠資金。

一九九八年，聯電購併日本新日鐵半導體公司，只花了二十二億台幣，總計聯電集團不到一年的時間，投資新日鐵的獲利達到新台幣八十億元。一九九五年，聯電一口氣邀請北美十一家 IC 設計公司當聯電集團的股東，一下子就拉抬出聯電轉進晶圓代工的氣勢，也將聯電、聯誠、聯瑞、聯嘉的集團布局建立起來。一九九九年六月，聯電又把連同合泰等五家公司合併，「五合一單挑台積電」，向自己「二〇〇〇年超越台積電」的目標邁進。這種「兵貴神速」的企業特質——只花一個月的時間，就把旗下五家晶圓代工公司合併為單一公司——只有在聯電才會出現，也只有曹興誠才做得出來。這是台灣上市公司之間最大規模的合併案，合併後的聯電股本達八百八十三億台幣，已超過台積電及中鋼，成為台灣最大民營企業。曹興誠說，聯電集團合併後，只要再併購一家公司，營業額鐵定超過台積電。三年前，他提出與台積電合併的構想：如果將來合併後，這家公司的中文名字是聯電，英文名字則為台積電的英文名字 TSMC，董事長由張忠謀出任，副董事長則由曹興誠擔任。但卻被張忠謀拒絕。

聯電的企業理念是「專業價值」和「機構價值」。員工的中心思想是「五星上將理論」，「每個人不要冀望世俗怎麼誇獎你，或媒體怎樣捧你。自己心中要訂目標或標準，達到之後就給自己一顆星，是少將。做到哪個，再一顆星。等到標準都達到，你自己可以自封爲五星上將，走到哪裡，頂天立地，很驕傲。每個人都可以做自己心中的五星上將。」

聯電創造「多能工」制度，爲生產帶來最大效益。每一位技術員都要學習不同的技術，但是若通過一項技術的檢定，拿到執照，可以領一千五百元的獎金。每月依照工作的品質，還有技術津貼三千元。最誘惑技術員的是多能工容易「請假或調班」。多能工的強烈動機是，在三班制的工作中，如有人臨時請假，因你會各種機型，而增加工作的靈活性。

十四、「華碩」——以技術締造百分百成長

人是一家公司的靈魂。廖敏雄、謝偉琦、童子賢、徐世昌等四位工程師於一九九〇年集體創造「華碩電腦」，至今創立不過十年。華碩電腦一九九八年營業額三百五十二億台幣，營收成長率百分之六十四・七，稅後純益一百一十五・七五億，獲利率百分之三二・三八，是同行業的佼佼者。從創業初期找不到研發人員，到九六年股票上市上漲了八倍，只用短短的

六年時間。早期以主機板製造起家，固守本業，對於被動應邀的投資案，華碩態度一向都不積極，但爲了經營資訊相關業務而轉投資成立的新公司，則是一直持續中。華碩成立十年來，已共有十個轉投資事業，其中百分之百持股者占了六家，持股比率過半而不及百分之百的有兩家。十家轉投資事業中，持股比重過半，而且直接經營電腦相關業務的關係企業名稱都帶有「碩」字，包括明碩科技、宇碩科技、崇碩科技。另外負責評估各種資訊業投資案的專業投資公司，都帶有「華」字，包括華毓、華瑋及華旭，持股比率全是百分之百。

一九九六年當台灣的主機板市場被英特爾搶下了百分之十五，產品賣得比英特爾還貴的華碩，營收成長卻高達百分之一百三十六。擁有技術和人才資源，讓華碩的價值被市場高度肯定。同年，股票在台灣證券交易所掛牌上市後漲了八倍，到每股八百多元，衝破八百億台幣，是營收的六倍，蟬連「股王」多年，直到最近才被「廣達」所打破。

什麼樣的班底造就什麼樣的企業精神。華碩的創業團隊來自宏碁，董事長施崇棠來自宏碁，之後陸陸續續到任的各領域高階主管也不乏宏碁人，故有「宏碁小內閣」之稱。華碩目前擁有兩百六十到兩百七十億新台幣現金，結果有百分之九十五是放銀行定存。華碩表示，由過去到短期的未來，都會採取這種資金管理方式，原因是公司最注重的是安全性，第二是流動性，收益性反而擺在第三位。華碩的財務操作考量的是規避風險大於創造效益，而這與華碩的文化和特性有關，華碩的文化保守。

華碩如何在「強者恆強」的競爭洪流中逆勢而上，「技術和品質」是華碩最強的地方。用技術創新和品質來創造差異。第一個差異是技術，技術來自於研發。第二個差異是品質，品質也是一種行銷。第三個差異是便利，要重視相容性測試。第四個差異是服務，結合地緣擴大行銷網路。

施崇棠強調，企業生存要件，是產品技術結合市場眼光。他舉英特爾的例子。英特爾的決策與經營管理，都是技術出身，用技術觀察市場趨勢，用技術決定產品策略，用技術改善公司體質，用技術成爲競爭的刀口。企業要生存，就是要把技術發揮得淋漓盡致。

十五、其他著名企業

◆「廣達電腦」——台灣股王

廣達是台灣最大筆記型電腦製造商，是典型代工業者代表。一九九九年台灣地區 TOP 500 大營收排名製造業第七名，營收淨額五百十九億台幣。廣達上市未滿半年，市值直逼國

泰人壽，是台灣股票族最愛。

◆「英業達」——專業代工製造廠

英業達主要爲世界最大個人電腦廠商康柏（COMPAQ）代工設計製造筆記型電腦。英業達旗下的電腦辭典行銷公司「無敵行銷」所推出的無敵字典，在台灣占有率最高。計算機市場式微後，開始轉型，生產價值更高的電子字典和筆記型電腦。一九九九年台灣地區TOP 500大營收排名製造業第十名，營收淨額四百六十一億台幣。

◆「大同」——老店新開

大同以電鍋、電扇等家電產品起家，轉型生產半導體、映像管、LCD等資訊產品。公司成立已有八十年歷史。大同集團去年營收一千六百億台幣，二〇〇〇年可突破二千億台幣。資訊產品比重升至八成，「華映」是世界最大的映像管廠商。

◆「威盛電子」——單挑英特爾

向英特爾挑戰，跨足微處理器的威盛，二〇〇〇年購併微處理器廠「新瑞仕」，在台灣引

起強烈震撼。在台灣晶片組廠商一片不景氣下，仍保持全球前三大晶片組供應商的傲人成就。在微處理器市場，力拚英特爾，預估將來晶片組主要廠商，只會有英特爾與威盛兩家，威盛二〇〇一年可以成爲全球最大的晶片組廠商。

◆「太電」——擅長策略聯盟

太平洋電線電纜公司創業初期生產電線電纜，後轉型爲其他高科技行業，邁入的領域包括台灣高速鐵路、航太工業、半導體、工業銀行、生物科技等產業。太電是多宗族的企業組合，能提供的意見多、能相互容忍是其一種文化。策略聯盟的成員要有共同的思想、共同的文化才能創造一加一大於二的成果。

◆「義美」——堅持本土、實在

義美公司於一九三四年在台北市延平北路成立第一家「義美商店」，義美月餅陪著國人共度數十載中秋。義美公司與奇美公司一樣，堅持股票不上市，《天下》一千大產業調查，都無法查到義美的資料。在多角化的經營下，跨入金融業與平面媒體的經營，儘管觸角向外延伸，在食品業的發展，並未停下腳步。

◆「春雨」——小螺絲立大功

台灣的螺絲出口量全球冠軍，造就了另一個台灣第一。春雨工廠是台灣螺絲產業的發源地。經過五十年，「春雨」已是螺絲業的大龍頭，年營業額近五十億台幣，繁衍出環繞岡山、超過兩百家的工廠。春雨從零開始，同時發展出與螺絲相關的七家關係企業，包括模具、機械、貿易，與印尼、大陸海外廠等。

◆「錸德」——全球第一

台灣的 CD-R 產量在全球市場占有率達百分之六十，其中錸德占百分之三〇。自一九八八年成立，做出台灣第一張雷射唱片以來，錸德的主要業務，就是壓製台灣的唱片與軟體光碟。錸德不但製程上嚴格要求品質，也注重業務人員的專業。業務人員一進公司，就必須到生產線上，了解公司生產的產品規格、製程和設備。

◆「杏輝」——世外桃源

一九八〇年「杏輝製藥」在空氣清新、水質潔淨的宜蘭冬山設廠。產品除醫藥用的軟膏、膠囊，還包括隱形眼鏡保養液、健康食品以及化妝品，其中軟膏的銷量占台灣第一位。由於重視環保，在一九九四年曾獲得宜蘭縣環保局頒發的綠化甲等獎。杏輝的市場行銷方法是不做廣告，做法踏實，藥品的拓銷靠自己的努力，拜訪客戶的頻率很高。

◆「建準」——最小風扇吹出最大市場

一九八〇年，建準電機公司從生產抽水馬達、散熱大風扇做起，由於產品轉型抓準科技發展商機，營業額從二十年前的五百萬元，做到一九九八年的四百萬台產量，占全球市場的百分之十三。建準最主要的產品是電腦冷風扇馬達。除了採垂直整合方式，對風扇馬達所需的各材料源進行整合外，建準也希望以「馬達」爲中心概念，進行多角化轉投資。

台灣現代企業家

台灣自一九四九年到現在，經濟有長足的發展。每年經濟成長率都有不同的進步。惡性通貨膨脹已得到完全控制，人民生活日益改善，產品出口大幅增加，都市化大規模進行，民

生樂利，一片祥和景象。造成經濟成長的原因，除了主客觀的歷史因素外。政府的領導和積極推動，及台灣人民的刻苦耐勞占有重要因素，尤其是在經濟現代化的環境中，產生一批頗具有現代化企業頭腦的工商領導人物，他們依循政府的經濟政策，帶領具有現代化觀念的企業員工，以各方面優越的生產技術，爲台灣產業打下深厚的基礎。

在初期台灣經濟發展過程中，有些企業剛開始表現優異，可是後來卻無疾而終；有些快速竄起，卻也急遽消失；有些因體質較差，適應不良而倒下；有些也苟延殘喘，奄奄一息。今天能存活下來的，都是歷經百戰，不被淘汰的各行業中的翹楚。他們過去因英勇地帶領自己的企業，走過風雨飄搖的日子，爲台灣帶來舉世公認的經濟奇蹟，得到世人的欽羨與尊重。今後他們責任更加深重，帶領台灣走向另一轉軌的產業經濟。

今天台灣經濟已被高度成長與繁榮的假象所矇蔽，人們看不到潛伏的危機：投資意願不高，資金人才外流，產業外移，經濟與社會倫理脫序。更有甚者，這些危機中有些立即的危機如股市、黑金、兩岸關係緊張等，如不立即解決，終將使台灣好不容易建立起來的經濟日趨衰弱萎縮，終至前功盡棄，難以收拾。

英明的政府領導者，機警的企業家們是否應該爲台灣下一個十年擬定經濟政策目標——包括以高科技產業與高服務業爲中心，以自由化與國際化爲手段，建立一個國際經濟社會爲

方向，進而提高生產力與高品質的現代化社會。在這新一輪的轉軌經濟挑戰中，過去對台灣具有重大貢獻的企業家們，肩挑責無旁貸的重責大任。

一、王永慶——台灣經營之神

幾乎與中華民國同等長壽的王永慶，出生於台北新店直潭的茶商之家，由於家境貧寒，小時邊讀書邊做牧童，十六歲時到嘉義投靠叔叔在碾米廠做學徒學碾米、送米。在此時期，他的聰慧便已露出端倪，由於當時電話很不普及，買米一定要到街上去買，每當有顧客來買米，他便會主動問道：「我將米送到您家好嗎？」王永慶把米送到顧客家後，將米倒入米缸時，順便問客戶：「府上有多少人？」於是他就計算出這一家每天的用米量，幾天可以送一次而不用顧客親自去買，這樣造成顧客方便，也不會使顧客流失，這種體貼入微、善解人意的服務到家的作法，奠定他日後創立「台塑王國」的根基。

王永慶把他的「瘦鵝理論」帶到台塑，成爲經營哲學。他回憶道：「中國人就像瘦鵝，餓不死，也不會生病，機會來了，馬上起來，快得不得了。抗戰時，我疏散到鄉下，生活很苦，溫飽都成問題，鵝那有東西吃。養了四個月的鵝，只有一、二台斤，都是骨頭，要死不活的。但牠們很健康，腸胃特別好，我想盡辦法找東西，用高麗菜的根、粗葉餵牠們，牠們很快又精神起來。中國人就像瘦鵝，健康、刻苦耐勞，勤儉自持。過去大陸吃大鍋飯，大家不做，所以效率沒有了；一開放，馬上就動起來，而且很努力！」

「追根究柢，勤儉刻苦」的管理思路正是他成功的原因。對企業經營管理要追根究底，對成本要分析再分析，直到求出最後答案，方才罷休。員工要有勤儉刻苦的美德，不論外在環境發生任何變化，都要有不畏艱難，不懼險阻的決心，與公司共成長。員工沒有壓力就不會有成就。儘管台塑管理幹部壓力非常大，但如果沒有壓力，怎會成爲每年掌管幾十億營業額的各部門主管呢？一個台塑主管負責的年營業額比台灣二分之一以上的中小企業老闆還大。如果把台塑分成七塊，每一塊在台灣都是行中佼佼者。台塑有中國式的勤儉刻苦精神，美國式的激烈競爭，優勝劣敗理念及日本重視團隊與忠誠的「武士道」精髓。

台塑的「總管理處」是腦神經中樞，專業管理幕僚單位，透過他們不斷地和現場營運部門反覆檢討，陸續訂定各種規章制度，並且負責追蹤施行效果，遇有窒礙難行的地方，必須再加以研究、討論、修改。由於追求合理化、規格化，台塑的各種「規章制度」比大英百科全書還厚。王永慶「中央集權」式的領導，與許文龍「地方分權」式的作風，南轅北轍，但素有石化業「南奇美，北台塑」之稱的南北雙雄，儘管經營方式不同，但執世界牛耳的企業，則是令人深深佩服！

六輕是王永慶的夢想，爲了實現這個夢想，他與台灣法令之爭，與環保之爭，足足耗費了七年，現在六輕啓動，每一車輪輾過的都是王永慶深愛台灣的痕跡。但是王永慶似乎有著更大的目標，除了要當台灣的王永慶，亞洲的王永慶，還要當世界的王永慶，在他有生之年還要在台灣蓋七輕、八輕……

二、高清愿——「一理通，萬理徹」

一九二九年，在台灣瀕臨台灣海峽西海岸的不毛之地生出一個「看牛囝」，長大後卻成爲改變台灣人生活的大企業家，他就是統一集團總裁高清愿。乳名叫「文筆仔」，少年仔出生在今天的台南縣學甲鎮倒風寮鄉下，父親在他十三歲時去世，家中又無田可耕，只得與母親相依爲命。「文筆仔」國小畢業後，隨母親遷居台南市，並在安南海邊一家草鞋店工作，當時月薪十五元，這是他的第一份工作，顯得格外高興與珍惜。一九三四年，也就是民國二十三年，「文筆仔」進入新和興布行作囝仔工。大陸淪陷時吳修齊、吳尊賢兄弟擔心時局動亂，解散布行，又另組德興布行，高清愿學習赴台北迪化街批貨。一九五三年，德興布行業務由

高清愿負責。一九六七年，時年三十九歲的他，籌備成立統一企業，四處尋訪員工幹部。隔年飼料廠順利開工，半年後麵粉廠正常運轉，這也標誌著「文筆仔」往後一帆風順的人生。七十一歲時，他已是年產值近一千四百億台幣，擁有三萬五千名員工，四十三家企業的集團總裁。

一九八九年，高清愿將統一企業總經理的位置交棒給林蒼生，自己擔任統一集團總裁。一九九四年當選全國工業總會理事長，隔年連任；一九九八年，獲頒中山大學榮譽管理學博士；一九九九年出任南台技術學院董事長，並連任國民黨中常委；此時達到他人生最高峰。

高清愿的人生經驗充滿鄉土哲理，富有台灣本土味的台灣俚語，言簡易賅、語意深長，發人深省。所謂「一理通，萬理徹」，即是一個道理懂了，其他任何道理也自然明白。他說：「有所為，有所不為，會說真話的人，雖容易得罪人，但他也禁得起千錘百鍊，最後一定能得到社會的肯定」，這是他在社會工商界五、六十年的心得。

對於一生自奉勤儉，始終為統一公司數萬名股東賺錢的哲學下，他說：「畢竟，對一位已擁有一定資產的人來說，賺再多的錢，也不過是數字的累積，他不可能因此吃得更多，睡得更好，或活得更長。」他更喜歡用放大鏡看每個人的優點，再用顯微鏡看每個人的缺點。只有一些缺點他不能容忍，不能容忍的原則他講得很清楚：「不搞婚外情、不拿回扣、不能貪污、不能賭博。」

在緩緩上升的電梯中，高清愿悟出一個道理，「電梯就好像頭銜、名位與權勢，會把一個人帶往高處。可是當這個人愈升愈高時，他也離開基層同仁愈來愈遠，這個時候，如果他被名利、地位所矇蔽，聽不到基層的聲音，不了解基層的脈動，結果一定是爬得愈高，摔得愈重。」

林蒼生觀察高清愿的企業人生階段其實是不斷地在成長的。「他在統一的第一個十年是個生意人，第二個十年是個企業家，第三個十年則是個宗教家，因為什麼樣的心量，成就什麼樣的事業。」一生參禪的林蒼生如是說。

三、許文龍——無為而治的經營哲學

一九二八年許文龍出生於台南，家有兄弟姊妹共九人，從小即有做生意的膽識與氣魄，在十六歲時，他向路人買一隻「番鴨」，轉手以原來三倍的價錢出售，這是許文龍第一次嚐到轉手脫售賺錢的滋味。由於許文龍「無為而治」的觀念，使得他關心兒子的成績時都只問：「有沒有留級？」他兒子被問得莫名其妙，別人的老爸問的是得第幾名，自己的老爸卻只問

「會不會留級？」」。許文龍把這套經營哲學帶入「奇美」，成爲奇美的企業文化，同時創造天下第一的ABS王國。十八歲時，他承包一宗梳板生意，每片實收四十五元，而每片溢領的一百七十五元都要交給採購員當「回扣」，他領悟到爲什麼有那麼多採購人員在外面吃喝玩樂，這個經驗，讓他深刻體認貪污的可怕。因此，他絕不准奇美企業中有任何貪污舞弊的事情。果然，他做到了！「合理化要求」是用來興利，「無貪污思維」是用來防弊。

目前很多企業都極力膨脹營業額，「借殼上市」以吸取社會大衆資金，在股市中翻雲覆雨套取資金，中飽私囊，而許文龍堅持股票不上市，他認爲一旦股票上市會影響公司的行動速度，不利於擴建廠房、提高效率，也堅持「企業零負債」的作法，一般企業資產與負債的比例是二比一，而他堅持不借銀行的一毛錢，形成台灣企業中獨特現象。

在許文龍的經營行動中，「假墓策略」是出了名的行銷戰略。有好產品要推出，不可只推單一產品，要推出系列產品，單一產品別人容易仿冒複製，別人只要開一個模具就能吃定我們，若推出「系列」產品，則仿冒複製者無從下手，他們不知那一個模具最有仿冒價值。這在三十年前的台灣很管用，現在在大陸更行得通。

有一次，許文龍上餐廳點菜時，小姐告訴他，菜夠了，不夠再叫。他認爲業務員也該如此，上客戶處不是叫客戶「多叫貨」，而是去幫忙盤點客戶有沒有叫太多貨？若已太多，就主動要求客戶停止叫貨，這套「點菜銷售學」親切地爲客人著想的手法，讓奇美的業務在同業之間所向披靡。

奇美的目標管理以六個月爲一期，各實施單位在期初提出管理卡，自行設立五項工作目標及日程計畫，呈上級核准。這些目標執行成績在期終檢討，自己評估達成率。這種信任專家，尊重專業經理人的制度，爲奇美創造可觀的利潤。提案制度的施行，更能刺激員工創意，奇美因該制度的實施，每年可節省二千四百二十二萬台幣，而發給的獎金只需三十二萬六千元。

許文龍認爲員工應像股東般分紅，但是金額相對的要少於股東，持股也是如此，而且員工股的權益也要相對地調整。奇美員工持股的股金是「貸款的」，由公司無息貸給員工，除非離職，否則可一直欠著。奇美的員工持股在各企業中是一套頗爲奇特的方式，將員工的「占有權」、「使用權」、「處分權」加以凍結，但是將「受益權」作最佳的保障，讓持股的員工，連年不斷享有股額成長，股利分紅。許文龍喜歡釣魚及收集古董、藝術品，聲名遠播到英國。有一次因他在英國所購之油畫，被海關認定爲國寶級，不准出口，雙方爲此而打官司，英海關敗訴，當時英相柴契爾夫人乃知台灣有一個「許文龍」。本來，我對整天釣魚的人不屑一顧，不思索經營事業，卻有時間整天垂釣，自從我了解「奇美」後，想法爲之改觀，原來整天釣魚的人，也能成就「世界第一」的大企業，因而更加敬重愛好垂釣者。

四、施振榮——台灣電腦業巨擘

在台灣企業界有一位年輕的後起之秀，他就是宏碁電腦集團總裁施振榮。自一九七六年創業以來，用短短二十幾年的時間，將宏碁電腦集團發展成爲台灣第一、全球第七大個人電腦廠商；在東南亞、中東地區的市場占有率皆爲世界第一。施振榮的優異表現深獲各界肯定：一九七六年榮獲全國十大傑出青年；一九八一年當選全國青年創業楷模；一九八七年獲美洲中國工程師學會頒發「中國工程師傑出成就獎」；一九九三年獲頒國立交通大學名譽博士；一九九六年榮獲美國《商業周刊》評選爲一九九五年全球最傑出的二十五位企業管理者之一；一九九六年獲選《天下雜誌》最佳標竿第五名。施振榮是次於王永慶，最受尊崇的企業家。

一九四四年，抗戰結束的前一年，施振榮出生於台灣彰化縣。幼年時，家庭不幸，父親在他四歲時去世，母子相依爲命，生活全靠母親賣點線香雜貨維持。他從小天資聰穎，在校期間，曾獲「愛迪生優良科學獎」，高中後考入成功大學，後又轉到交通大學，一九七一年獲交大電子碩士學位。七〇年代中期，電腦的開發在世界上算是新興的行業，可是在台灣卻還是一片空白。眼明手快的施振榮，決心作一個「微處理機的園丁」，向現代高科技進軍。一九七六年聯合其他五位股東合創「宏碁電腦公司」，從此成爲台灣家喻戶曉、白手起家的典範。

到一九八七年，宏碁終於拿下了四個「台灣第一」：個人電腦外銷第一；在全世界 IBM 個人電腦兼容機系列銷售量排名第十位；宏碁 ACER-1100 三十二位元超級微處理機各項技術指標的總分名列美國電腦權威雜誌《資訊世界》排行榜第二；在日本推出日、英語個人電腦，成爲這類產品中第一家非日本公司。爲了求科技技術的取得及形象產品的行銷，他首先採用「技術跟進的策略」，先求得企業的生存，將企業經營重心放在購買國際品牌電腦廠家的零組件進行組裝。然後再引進國外先進技術，開發自己的產品，樹立「ACER」品牌形象。這一策略運作得很成功，從而打響自創品牌，成爲進軍國際市場的急先鋒，也是台灣目前花在自創品牌廣告費用最多的一家企業，每年達到一．五億到二億美元之間。

在施振榮的事業生涯中，「圍棋」給他很大的啓示。他不斷地用圍棋理論來解釋很多商業上的策略，在商場如戰場的商業行爲中，要用圍棋的圍地戰略，而不是象棋或西洋棋的競爭模式，這就是著名的「圍棋理論」。施振榮從一個工程師發展成爲一個生意人，但仍保有知識份子的特點，絲毫沒有「市儈」的氣息。他在工作中非常重視「言行一致」，他認爲講話就

像開支票，做完成了才算兌現。

宏碁跨入消費性電子市場是爲「第三次創業」目標之一，在決心進軍消費性電子市場後，宏碁也將以「未來消費性電子業的康柏」自我期許！施振榮於一九九九年五月二十三日應十大傑出青年當選人聯誼會邀請，以「期望與挑戰」爲題發表演講時指出：「競爭力的大小與生產出來的價值呈正比，未來提升台灣競爭力的方式，在於以創新、品質、服務、形象等方面發揮無限的空間，以創新價值及鮮活的思維，將台灣打造成爲一個人文科技島。」爲了讓台灣在國際上擁有更大的優勢，身爲科技人更需加把勁！

五、張榮發——終生以大海爲家

一九二七年十月六日，張榮發出生於「看海的日子」的故鄉——宜蘭縣蘇澳鎮。全家九口人，全靠父親一人賺錢養家，被貧窮壓彎了腰的雙親把希望寄託在兒子身上：「孩子的名字就叫榮發吧！榮華富貴，但願他將來有出息，能光耀門楣」，名字取得好，因此張榮發就這樣名實相副地「發」下去。

經過幾次與股東經營理念不合而拆夥後，終於在一九六八年獨資創辦「長榮海運」，雖然只有一條老式破舊的中古船，但對已是「不惑之年」的他已彌足珍貴，爲一圓他「海運帝國」美夢，從此展開一生中波濤洶湧的奮鬥旅程。經過二十多年，長榮海運已成爲世界最大的貨櫃船運公司，資產超過二百億台幣，他被美國《富比士》雜誌譽爲「當代最偉大航運鉅子」。由於張榮發的洞燭機先，將雜貨船改變成全貨櫃輪，可說是船舶運輸全面脫胎換骨的革新，這一革新掌握住最佳時機，對長榮往後發展產生決定性影響，遠遠將後來追隨者拋諸腦後。

長榮在海運開闢東西雙向環球航線，成爲世界盟主後，又積極在陸上發展，先後在台中、香港、曼谷、普吉島、洛杉磯、基隆、馬來西亞、巴黎等地興建五星級長榮桂冠國際連鎖酒店。又在一九八八年投入一百億台幣，成立飛國際航線的「長榮航空」，一九九七年再度投資台灣高速鐵路，從此「天上飛的、水上走的、地上跑的」都與長榮脫不了關係。張榮發非常注重企業的管理方式，由於早年深受日本式管理方法的影響，在其企業裡也很有「日本味」。在招考錄用員工方面，長榮也很有特色，一律只招收剛從大學畢業的學生，而且張榮發必親自監考。經錄取員工須經三年養成訓練，才有機會升遷。他堅持主張耐心教育、訓練和培養，使每一個員工能發揮所長，各得其職。可以說，張榮發將唐太宗的「用人如用器，各取所長，人盡其才，才盡其用」的用人哲學，發揮得淋漓盡致。

長榮的編制是在每個部門派任協理、經理掌管，旗下再分設各課；課是最基層的單位，

由課長負責管理。課長身兼第一線業務的監督和執行，又是聯繫公司基層和上級意見的橋樑，角色非常吃重。長榮對於員工的考評，係由副課長級以上的主管負責。為了考評的公正性，員工的考績由直接和間接主管分別來考核，打出的考核成績直接密封送人事室，各層主管彼此獨立，員工可得到最客觀與公正的評語。

所謂「長榮精神」是指「挑戰」、「創新」、「團隊」，並以此精神世代傳承。除長榮精神外，張榮發最強調「道德心」。公司內部經常舉辦以倫理道德為體裁的講座，希望帶給員工歡喜和樂的心靈，鼓勵光明積極的人生觀，並藉由員工將善良的風氣散布到每個家庭。所謂「長榮式管理」是指「和諧、分享、共榮」，企業管理要合乎民族性、社會型態、生活環境及教育水準等特性，就企業需求加以調整，才能規劃出一套適宜的管理模式，而不是盲目地將所謂的「哈佛式管理」、「日本式管理」一成不變地套用在企業上。人越往上爬越不能忘本，還要飲水思源，心存感恩，因此時時要積公德，致力慈善公益，回饋社會。

六、蔡萬霖——世界華人首富

一九八八年七月七日，《富比士》發表消息，截至一九八八年全球擁有十億美元以上資產的個人或家族共有一百九十二名，其中台灣有蔡萬霖、王永慶、張榮發、徐有庠等四人，蔡萬霖以五十六億美元資產名列第八，從此，蔡萬霖首次超越經營之神王永慶，而躋身全球十大超級富豪之列，成爲全球最富有的華人。一九九一年，蔡萬霖事業資產總值新台幣三千億元，事業營利股值一千五百億元，個人財產淨值一千零五十億元。一九九三年其個人財產淨值已達一千四百億之巨。世界大金融機構著稱的美國大通曼哈頓銀行總裁也自嘆弗如地說：「蔡氏了不起，中國人偉大。」那麼，蔡萬霖是如何「聚財有道」呢？

一九二四年，蔡萬霖出生於苗栗一位普通農民的家庭，前半生大概都與長兄蔡萬春一起創業。蔡萬春經營國泰，發展國泰企業創立霸業的時期，蔡萬霖一直屬於副手地位，極力輔佐其兄，出謀略總能含而不露、不顯鋒芒，虛心跟在長兄身旁，接受耳濡目染、潛移默化的薰陶。蔡萬春逝世前，他已得其兄的經營之道，同時又具備長兄所沒有的沉著、冷靜、謹慎的性格特徵。因此，在以後自立門戶時，能揚其兄之長，避其所短，一展才華。如果說蔡萬春是大刀闊斧的草莽英雄，那麼蔡萬霖便是智勇雙全的將帥之才。輔佐長兄蔡萬春，從小販商到掌管「十信」、從「十信」到「國泰人壽」、從「國泰」到「霖園」，他經歷了一系列的風風雨雨、挫折成功，使他累積了豐富的經驗，也磨練出那堅定沉穩的經營風格。當「國泰」資金越來越多，保險理賠越來越複雜時，他果斷地跳出台灣的圈子，謹慎地闖入國際市場，分別與國際上許多保險公司合作，如與「日本生命保險相互會社」、「日本協榮生命保險株式會社」、「美國旅行者保險公司」、「西德慕尼黑再保公司」及「英國勝利再保險公司」都簽有契約，從而分散風險，提高保險系數，使霖園經濟勢力更加牢固，財務實力更加雄厚。

蔡萬霖是一個具有現代化管理頭腦的企業家，思維嚴密，目光深遠，注重培養企業有用人才，善於把握機會，更善於創造機會。他強調：在上下主從之間要以德服人，以才用人，無論職位高低，都要有良好的行業道德；同時採取公平競爭的原則，在任用、考核、升遷、賞罰等方面力求公正，使每一位員工適得其所，都有機會發揮長才。他永遠深記蔡氏家族內部矛盾不和，及最後蔡氏的分家，是他心中永遠的痛，因此，他在管理企業過程中，絕對嚴禁公司內部搞派系鬥爭，致力於消除派系鬥爭，使得集團團結一致，努力經營。

面對集團內幾十家公司的經營管理，自有一套方法。他認爲，凡事都要有「綱目」，只有牢牢地把「綱」舉起來，才會「綱舉目張」；他注重抓好各公司的高級職員，提高各企業主力骨幹的業務素質。在企業管理上，他制定一整套管理方案，然後交給各企業去實施。他並不直接干預企業的具體管理，盡量把經營權下放到各經營單位。但是他在工作上卻是嚴以律己，力主身體力行。日本著名企業家松下幸之助曾說：「當你專心致志，非常認眞地工作時，周圍的人就會深受感動，得到教育。他們不用你去教，就會像你那樣去努力工作。」蔡萬霖正是以其勤奮嚴謹的工作態度來激勵全體企業員工。

七、吳舜文——嚴慈相濟的女英豪

在台灣企業界中，裕隆集團總裁吳舜文無疑是當代女英豪，吳舜文之所以受人敬重，是因她對台灣汽車工業的發展作出巨大的貢獻。在繼承丈夫「裕隆」集團事業後，以其驚人的膽略和勇於創新的魄力，成功地推出標誌著台灣汽車工業又一個新里程碑的「飛羚 101」，使台灣汽車工業一舉甩掉只能組裝不能自己生產的帽子，譜出台灣汽車工業的新樂章。

與中華民國同年出生的吳舜文，生長在江蘇武進的紡織世家，父兄都是紡織界名人，高中畢業後奉父母之命嫁給上海著名企業家嚴裕棠之子嚴慶齡。嚴慶齡從德國留學回國，見西方工業的興盛主要依賴於汽車工業的發達，故立志將畢生精力奉獻於民族汽車工業。婚後四年，吳舜文如願地進入上海聖約翰大學政治系。一九四九年她與丈夫一起到了台灣，一九五〇年與丈夫一同前往美國考察汽車工業時，順便修一個「哥倫比亞大學國際關係學文學碩士」回到台灣。

一九五二年，嚴慶齡在新店創立裕隆汽車廠，她則在新竹創建了她的第一個企業——台元紡織廠。吳舜文自創立和發展「台元紡織」以來，即表現出非凡的經營天賦。台元紡織的產品暢銷世界。自一九六九年開始，「台元」連續十五年榮獲台灣外銷績優最高獎。裕隆汽車廠經營陷入財務困境時，她將「台元紡織」所賺的錢大筆大筆地投入「裕隆」，使裕隆起死回生。

一九七六年，嚴慶齡在一次意外事故中腦部受傷，在丈夫殷切的目光懇求下，吳舜文於一九八一年三月秉承先夫遺志，決心挑起「裕隆」的擔子。吳舜文一面忍辱重負地受「孤兒寡婦」的謾罵，一面大力整頓公司內部，這時，她已六十八歲，這對一般人來講已屆退休年齡，但她卻以超常的毅力和決心，展開她輝煌事業的新篇章。一九九○年初，她已七十七歲，決定把棒子交給年僅二十四歲的獨子嚴凱泰，讓他擔任裕隆執行副總和總管理處執行長。直到二○○○年爲止，嚴凱泰已接掌或將接掌的關係企業，包括台元紡織、裕融企業、世紀半導體、新安產險、華菱汽車、嘉裕西服、經惠實業的副董事長及台文針織董事長，最具象徵意義的是台元紡織，台元被吳舜文視爲裕隆集團「大內」中的「大內」，同時也是集團內最重要的控股公司。今年才三十五歲的年輕企業家第二代即將全面接掌一個年營業額超過台幣二千億的企業，讓世人睁大雙眼，拭目以待。

在經營事業的手段和處事能力上，吳舜文總結了自己獨特的管理哲學，融合東西方的優點於一爐，既有西方人的科學求實精神，又有東方人的和諧情趣氣氛；既遵循了美國的人本主義及行為派的管理原則理論，又採取了日本企業以感情為核心的管理方法。工作中，她以身作則，嚴肅認真，但在平時卻對員工很親切，平易近人。在一九九九年五月六日的裕隆汽車股東會議中，在被問起何時會把全部經營重任交給嚴凱泰時，她似乎特別開心地說：「自己年紀大了，前面的長路也快走完了，終究要把棒子交出去。」在中國的政治世家中出了一個有名的宋美齡，在台灣的工業世家中也出了一個有名的吳舜文。

八、林長城——堅信「企業是社會公器」

台灣在經濟發展過程中，產生一波又一波的第一代企業家，其中不乏現在高知名度的企業家；也有曇花一現、過如雲煙的企業家，被無情的巨浪吞噬者，不計其數。林長城是經得起各個階段不同變化考驗而屹立不倒的少數企業家之一。其中最重要的因素是他的經營哲學：「任何好的制度或策略，經過一段時間之後，不論是時代的演變或環境的變化，難免都會腐敗或走樣，身為主管應時時體察時代與環境的變化，勇敢地回歸到原點並加以去修正，這樣才能使企業永續發展。」因此在他七十多年的生涯中，儘管浪潮一浪高過一浪向他襲來，他依然像衝浪手一樣順勢而行，終於到岸，完成他人生的旅程，畫下完美的句點。

一九二三年林長城出生於台南市，一九三〇年進入日本統治時期的「公學校」，學校的日本老師安田實對他一生的啓迪甚大。「很多事都是潛移默化的，而身教更重於言教」，他從老師那裡學會「自我犧牲」、「今日事今日畢」及「永不放棄」的精神，這些哲學成爲他日後管理東元的模式。

一九四五年九月自「台南工業專門學校」（今天成大前身）機械科畢業，一九五六年與朋友合夥開設「東元電機」，爲台灣首先採用國際標準生產一般用電動機的廠商。一九六二年中國生產力中心募集企業界組成考察團赴美、日參觀，林長城前往應徵，並被推舉爲考察團團長。一九六五年新莊廠房完成，採用自動化機械大量生產三十匹馬力以下電動機，首創每四分鐘生產一台的紀錄，創下台灣第一。一九八〇年獲「品質楷模」獎，一九八五年自製DC伺服馬達正式上市，同年林長城獲頒全國優良商人獎。一九九一年五月，正式退休，同時被董事會聘爲名譽董事長，完成交棒任務，十一月榮獲成功大學八十學年度傑出校友成就獎。

東元能打造出今天一片江山，除全體員工胼手胝足地披荊斬棘，刻苦耐勞且勇猛奮進之外，當然更注入了林長城的經營理念。他的經營理念是：一、確立企業本質，堅信「企業是社會的公器」，由於企業是因爲顧客、員工、股東和社會的需要而存在，因此，個人絕不能存有私心，經營企業也一定要有「永續發展」的決心。二、堅持卓越經營，以「任何工作都要不斷尋求更好的方式完成」的經營理念，塑造優良的企業文化，因此個人更要以身作則。三、實現顧客滿足，堅持追求「品質」、「交期」、「成本」三步曲的最佳服務，全員戮力待客以「誠」，讓顧客感受到誠意，並增進顧客的好感與信心。四、力行人性管理，要有全廠一家，分工合作的精神，重視員工品德，肯定人性尊嚴，要貫徹「公平、公正、公開」的人事制度，這是事業永續發展的一切條件。

林長城對事業經營著重於「目標管理」，也就是人、物、錢的有效活用。企業最基本的構成要素就是人力、設備及資金，而舉凡成本的降低，也都離不開這三方面的管理。人生至此，夫復何求？一路走來，一步一腳印，每一步都走得極用心，對得起自己，也能毫無愧色地面對自己身邊周圍所有的人。這正是林長城退休後最好的寫照。

九、趙耀東──「大董事長」照顧「小董事長」

擁有比台灣製鹽總廠還大好幾倍的鹽行、三家錢莊，以及終年往來不斷的貨輪，平常是過著錦衣玉食的生活的趙家，在一九一六年也就是民國五年，農曆九月廿九日這天，在江蘇淮陰出生了一個「鐵頭」——他就是趙耀東。

這樣的家庭背景，養成他無怨、無恨、心情開朗活潑的個性，卻也因爲他的受寵，生就一副想做什麼就做什麼的「倔與強的牛脾氣」。祖父趙晴嵐是富甲一方的鹽商，父親趙隸華畢業於美國西北大學經濟碩士，是CC派大將，先後出任江蘇省財政廳長兼農民銀行總經理。

五歲起，他與鄰居友伴一起上私塾，考入省立揚州中學初中部後，成爲帶頭鬧事的頭頭。在課堂上爲音樂老師「立牌位」就是他的傑作，想不到音樂老師後來竟成爲他的繼母。高中時，帶頭鬧學潮差一點畢不了業。從美國麻省理工學院機械系畢業回國後，趙耀東即進入「資源委員會」工作。

國民黨撤退到台灣後，他負責籌辦交通銀行投資的「中本紡織廠」與「台北紗廠」，經營頗有成就，深得尹仲容賞識，從此前途一片光明。可以說沒有尹仲容，就沒有趙耀東。三十七歲時，他當上台灣毛紡公會理事長，自此，會員、廠商、親友都說他人面熟，罩得住，向銀行借錢均找他擔保。後來借款的人倒帳連連，替人背書的他得負責連帶賠償而負債累累。在不得已之下，只得遠赴越南賺錢，以早日清償債務。

由於趙耀東在越南成功的名聲傳到新加坡，一九六五年，李光耀便請他去幫忙辦紡織廠。更因爲他在新加坡的成功，台灣「利台紡織」便請他回國辦廠。自民國四十六年出走越南，九年後再回國門，才終於結束了浪跡天涯的日子。

後來蔣經國授意趙耀東興辦「中鋼」，並指派馬紀壯從旁協助。加上傅次韓、劉曾适、趙春宮、金懋暉、陳世昌等人，就把「中鋼」辦起來，而且辦得成爲台灣經營效益最好的國營企業。

趙「鐵頭」爲中鋼建立的四個精神指標——企業、團隊、求新、踏實——成爲今日中鋼的文化。一九八〇年代，國內經濟成長率嚴重下降，蔣經國破除體制，延攬當時的中鋼董事長趙耀東爲經濟部長。自此，台灣經濟成長指標又由藍轉紅，經濟開始走入「鐵頭」時代。

趙耀東作部長與當中鋼董事長沒兩樣，他是把經濟部當公司在經營。有一次在不到兩分鐘的創紀錄政策演說中，他簡短有力地道出：「從今天起，希望你們不要稱呼我部長，而叫我董事長，我是台灣所有企業董事長的董事長，包括外商企業在內。你們的問題就是我的問題，你們的困難就是我的困難，希望你們有問題、有困難的時候，來和我商討！」從此「大董事長」就經常幫忙「小董事長」。

一九八四年五月，內閣改組，趙耀東轉任經建會主委。一九八五年，台灣爆發震撼社會的「十信弊案」，經濟部長徐立德爲此下台，行政院長俞國華授命趙耀東籌組「經濟革新委員會」。成立半年後，因種種原因他敗下陣來，後來把自己關在「大台北華城」山中悟道，悟出

傻氣、牛脾氣和不生氣的「三氣」哲理。他爲火雞肉進口問題向雞農下跪道歉，他也爲總統選舉方式一夕翻案，痛斥黨工政客，更爲扭轉中鋼不爲財團控制而奮鬥。

一生經歷大起大落，充滿戲劇性的變化，晚年老驥伏櫪，雖年高八十五，仍心繫百姓，憂國憂民，鞠躬盡瘁，死而後已，縱觀其一生，眞是「回首來時路，也無風雨也無晴」。

十、沈慶京——「他不再是個壞男孩」

沈慶京給人的印象不是他腰纏萬貫、不可一世，而是他決心脫離黑幫，擺脫人生黑暗，走向光明面的生活例子，可做爲當今社會充滿暴戾之氣、引導失落青少年改過遷善的良好教材。因爲「我曾經學壞，但是現在我不再是個壞男孩，我也可以成功地成爲企業家」。他從一個沒有辦法自拔而且艱苦的環境中，建立起自己的商業王國，憑藉的是「毅力」。出獄後，在狐群狗黨的慫恿下，依然拒絕重返幫派，這對當時血氣方剛的青年來說是何等不易！

一九四七年沈慶京出生於南京，適值國民政府還都南京，父親取名「慶京」，以茲紀念抗戰勝利。一九四八年國共戰爭緊張，其父被派往台灣，舉家遷台。一九六二年考上基隆水產學校，集結十二青少年組成「海蛇幫」。一九六三年就讀高中二年級時，籌組「南鷹幫」，後被「宇宙幫」兼併，後來代表宇宙幫加入「四海幫」，以南機場「神經仔」逐漸闖出名號。一九六六年二月，小沈爲了學弟「二毛」殺傷管姓油商，爲了義氣和一時衝動，被以「殺人未遂」罪名判處三年徒刑，發龜山監獄執行，從此鋃鐺入獄。一九六九年四月中旬出獄，多坐了兩個月牢。一九七一年，申請提前一年解召退伍，同年十二月搭機前往美國巴爾的摩港，正式成爲「行船人」，與黑道脫鉤。一九七三年底，隨船到新加坡，以前軍中同袍洪姓好友，前來接往陳由豪的別墅借住一宿，一九七四年，蔣德昭幫他介紹工作，正式開啓了「紡織配額」的生涯，從此改變他的一生。一九七七年底，憑藉著誠信、客戶至上與快、狠、準的專業判斷，紮實的法律知識，贏得「配額大王」的封號。一九八四年，經濟部長王建仔推動紡織業配額重分配政策的修改，配額的輝煌歲月已成過去。一九八七年，從事股票投資，卻從不看盤、不操盤的小沈被稱爲「股市四大天王」之一。一九九〇年小沈在香港第一次與中國上海市長朱鎔基見面，洽談投資事宜。一九九三年八月，參選國民黨中央委員，未獲提名，且堅持不請客、不賄選，仍排名第六十六高票當選。一九九四年完成中石化、中工股票承銷案，小沈成爲兩家公司的大股東。一九九八年發表威京集團 CIS（企業識別系統），首創中英文圖像化的設計理念，並宣布進入集團化、亞太化、國際化的經營目標。

由於早年跑船的關係，養成小沈看事物有「世界觀」的理念，而世界觀的良好實踐，必須先從「新中國理念」出發。他說：「我有很強烈的國家民族意識，在兩岸關係未明朗化之前，我仍要大膽提出『新中國』的理念。唯有讓全世界華人都團結起來，形成一個生命共同體，才能恢復自鴉片戰爭以來所失去的尊嚴。」小沈經營事業的理念是「重然諾，殷實創業」，由於講義氣，義薄雲天，爲朋友兩肋插刀，赴湯蹈火，在所不惜；經營事業，自始至終，以誠待人；雖然有過幾次的財務危機，終能平安渡過，而有一番成就。目前在大陸的事業投資有：凱華工業、福建華星石化、杭州科技影藝中心、大連勝利廣場等產業，還有京華證券等十幾家企業。他也同時希望集團能自我改革，永續經營，爲集團的年輕人建立起他們揮灑的舞台，也讓股東投資人獲取應得的利潤。有人說小沈「像一隻沒有腳的飛鳥，必須一直不停地飛，從一個高峰飛向另一個高峰」。我們也期待他能飛得越高，看得越遠。

十一、徐旭東——無止境追求卓越的「最適先生」

祖籍江蘇海門縣，在台灣商界屬於「上海幫」三巨頭之一的徐有庠，是台灣遠東集團的開山祖師。一九三〇年代，進入上海十里洋場，從事紗布、棉業、雜糧生意。四〇年代初創辦上海遠東織造廠，四〇年代末五〇年代初，隨國民黨政府遷台，組建遠東紡織公司，打出

「阿里牌」棉紡織品旗號。

一九四○年代初，正當徐有庠為事業衝刺時，生下徐旭東，出生於中國上海、在台北念完小學的徐旭東，初中即負笈美國接受西方教育。從美國哥倫比亞大學經濟碩士班畢業的他，一回國便栽入父親的事業中，共同為事業打拼。

這位兼具上海人精明與美式強勢領導的第二代企業家，每天工作十二小時，看八份報紙，同時主導遠東集團三十六家企業的財務調度，策劃新投資。一九九三年，徐旭東正式接下亞洲水泥董事長，遠東集團的領導人定於一尊。徐旭東經常國際商務旅行，有機會向美國準備理事會主席葛林斯班請益，他謙稱是「上山見高人」。他除管理遠東集團外，也熱心國家地位的提升，參與國際性活動。他擔任全球最大紡織業組織「國際紡織製造聯盟」主席，連續十二年參加美國前總統福特發起的國際論壇（Word Forum），更身兼象牙海岸及馬拉威的名譽總領事，在台灣核發簽證。加上國民黨為拓展經貿外交，又積極培養他成為辜濂松的接班人。一九九四年，他獲選為台灣「紡拓會」會長，是第一位兼具企業家身分的紡拓會董事長。極端不想連任的他，還是在一九九九年繼續蟬連。

一九九九年美國《富比士雜誌》（*Forbes*）公布世界億萬富豪排行榜，台灣有七人上榜，分別是「霖園」蔡萬霖、「台塑」王永慶、「中信銀」辜濂松、「長榮」張榮發、「鴻海」

郭台銘、「廣達」林百里，還有排名第一百六十一的徐旭東。今年五十八歲的徐旭東，因集團主要企業遠東紡織，在投資電信產業的效益帶動下股價大漲，而資產增到二十六億美元。

徐旭東對國際企業公司有獨到的見解。他說「台灣企業要國際化，最要緊的是要在先進國家設立據點，必須是有分量的據點，銷售也好，生產也好」。目前台灣的中階管理階層，跟東南亞比較，也很充裕；國內人力資源的素質、行銷、國際形象，具國際眼界及世界觀的人員、管理的技術，也都很先進。

一九九九年六月十七日，他在對元智大學新世紀青年的演講中勉勵大家，指知識是重要資源，學生應培養專業能力，以爲將來從業打基礎。他以遠東集團爲例，除多角化經營，成爲產業領導廠商，重視顧客滿意及國際策略聯盟，擴展經營理念外，他更重視企業的社會責任。現代管理者應放下身段，重新解放本身的權力，多運用人際溝通及社交技巧，達到預定目標。影響力是一種新的古典管理技巧，傳統仰賴權力的時代已經過去，現在是利用影響力管理的時代。由於他無止境地追求卓越，更是近乎完美保持最適最佳狀態，而擁有「最適先生」（Mr. Opitimum）的稱號。

十二、張忠謀——台灣半導體教父

二十世紀，國家的命運常由英雄主導；跨入二十一世紀，國家經濟的起伏，將會由企業家掌舵；而在二十一世紀，高科技產業將主宰國家的命運。高科技的明星正是半導體工業。提到台灣半導體，自然想到「張忠謀」。當眾人稱讚他的科技成就時，張忠謀只看到責任；當世人羨慕他的世紀榮耀之際，張忠謀只想到奉獻。

一九三一年，張忠謀生於浙江寧波，一九三七年，中日戰爭爆發，隨父母遷居香港。祖父是代表中國人受列強欺凌下努力想革新的一代，父親則是張氏家族受西洋式大學教育的第一代。張忠謀一家三口，小時美好的時光是在香港渡過的。他十七歲時，曾經想當作家，其父很有技巧地把他從夢中喚醒。一九四九年十八歲時，赴美國哈佛大學就讀，後轉到麻省理工學院取得碩士，以及史丹福大學電機工程博士學位。

一九五八年起任職於美國德州儀器公司，前後達二十五年。一九八四年任職美國通用器材公司總裁。一九八五年來台，受聘爲工業技術研究院院長。一九八六年，創辦台灣積體電路製造公司，帶動台灣半導體業蓬勃發展。一九八九年，代表台灣「和信企業」與其他投資

人購併美商慧智科技公司，是當時台灣在國外最大的購併案，爲國內科技業在國外成立重要新據點。一九九四年，台積電在台灣證券交易所上市，同年，創辦世界先進積體電路公司，爲台灣企業邁入DRAM時代樹立一個新的里程碑。一九九七年，台積電在紐約證券交易所上市。一九九九年，購併宏碁半導體，再度擴大規模。

張忠謀對於台灣半導體業的前景頗爲看好，他說：「台灣半導體產額在一九九四年時達三十億美元，占世界產額百分之二．五到百分之三。二〇〇〇年的目標是一百二十五億美元，即是現在的四倍。台灣是世界四大半導體生產國家之一，擁有高技術生產能力。但我們的科技業缺乏創新性與突破性的科技開發，所以我們的技術雖在若干領域已非常接近尖端水準，但始終不能領先。」「今日我們的科技水準，尚未達到世界最尖端，所以應用於生產的時機總是晚人一步。未來十年，我們要在任何重要技術上領先的機會恐怕不大，所以我們應採取『跳蛙策略』，看準十年以後的尖端技術所在，現在就開始開發那種技術。」這就是有名的「跳蛙策略」。

針對亞洲科技發展遠景，張忠謀痛批「老二主義」，鼓勵企業冒險。強調企業家須不斷創新技術、新產品甚至新行業，不能只想當老二而陷入削價的惡性循環中。台灣科技產業的問題，便是強調所謂的「老二主義」，而且說是老二還很勉強，大部分可能只想作老三、老四而已。以為作老二是很好的想法，其實最大的壞處就是造成企業處於「競爭合流」（competitive convergence）的狀態，大家都跳進去做相同的產品。過去十年，台灣企業做監視器、生產個人電腦，到現在投入代工，都是只想當老二，結果把產業完全商品化，所有競爭者都在比營運效率，而不是比創新的能力和策略。張忠謀的短短幾句話就把台灣的工業批評得淋漓盡致，眞不愧是台灣半導體教父。

十三、曹興誠——慓悍依舊，顛覆傳統新思維

一九四〇年代末出生的曹興誠，在台中清水鄉下長大，父親是隨國民黨來台的「外省人」，在小學教書。少年時，曹興誠隻身上台北就讀建國中學，在建國南北路橋下租鐵皮屋，和一群計程車司機、三輪車伕同住，在當時龍蛇雜處的環境中，練就他日後慓悍的個性。

曹興誠求學過程相當順利，一路進入台大電機系。在大學時代，他就是點子王，經常豪氣干雲，冒出傳統的新思維，也經常妙語如珠，自我調侃，引得哄堂大笑。大學畢業之初，在外商公司上班，月入八千多元台幣。在那個「來來來，來台大，去去去，去美國」的年代裡，他班上七十二個同學，畢業後陸續有六十四位出國，他這個外省小子卻力守、立足、深

耕台灣，留在國內念交通大學管理科學研究所，直到現在未曾出國留學。

從交大管科所畢業，取得碩士學位後，進入剛成立的工研院電子所，改變了曹興誠的一生。剛進工研院電子所時，月薪只有兩千多元台幣，是他以前薪水的四分之一。一九七六年，台灣的積體電路工業開始萌芽。這一年，台灣從美商 RCA 移轉七微米的製造技術，跨進矽晶時代。一九八〇年，台灣第一家積體電路公司「聯華電子」成立，當時電子所所長胡定華看好年僅三十三歲的副所長曹興誠，於是年僅三十三歲的他就接掌聯電。

聯電是台灣第一個把積體電路產業轉成民間公司的。曹興誠將聯電經營得有聲有色，使台灣半導體業大門敞開。聯電之後，電子所後來又陸續獨立出台積電、華邦和世界先進三家，而民間投入的則有茂矽、德碁、南亞和力晶等企業。今年五十三歲的曹興誠，將當年投資者視爲洪水猛獸，避之唯恐不及的聯電，帶上年營業額近八百億台幣的大企業。

在大家追求小本創業的年代，他卻期望「大本」創業提升競爭力。這種逆式思維的產生，源於他內在生生不息的創意。當大家看到聯電版圖的持續擴張，只會感受到他精、悍、迅、捷的英雄霸氣，但私底下，他也有鐵漢柔情的一面，他首創員工分股共存榮的制度，拿紅利與員工分享。曹興誠規定，四等親以內不能進入公司，明定退休後權力移轉的程序。分紅入股、禁用親屬、屆齡退役，這是聯電制度化的三大支柱。

曹興誠對企業經營的態度是「人要高明，不要精明」。精明的人只看到短期利益，看的是自己的利益，對未來沒有想像力。高明的人，看的是長期的利益，連對方的利益也看得很清楚，對未來具有充分的想像力。合作案中，如果兩個都精明當然就無法推動。有人說台積電是「美國模式」，聯電是「台灣模式」；或者說，台積電是「少林寺」，聯電是「梁山泊」。不管聯電或台積電，都不時給台灣股票族的荷包每日「充電」。

十四、施崇棠——「要回家卻把車開到公司」

華碩的領航者施崇棠，個性溫和，話不多，頭腦靈活，耳聽四面眼觀八方，是思考型人物。他加入華碩，帶來活力與泉源，從此業績一飛沖天，成為台灣的股王。有時他會因思考問題渾然忘我，開車開錯了路，這就是施崇棠。

出身彰化北斗鎮清貧公務員家庭的施崇棠，大學時就讀台大電機系，在同班同學中，他是屬於慢慢思考的「長考」型人物。每次考試，一些機靈的同學往往能在最短時間內用各種方式背書，考出好成績，施崇棠則不習慣背書，寧可一步步來，只為徹底了解真理，這種讀書方式是「遠水救不了近火」，不適合台灣的考試制度，所以在校成績並不出色，中等而已。

台大電機系及研究所畢業後，一九七〇年代末，進入宏碁電腦公司，在宏碁十多年，一直是研發工作的核心人物。一九九三年，離開宏碁加入華碩團隊，幾年來，每年成長幅度都超過百分之百。九六年時，營收已達一百三十三億台幣，全球市場占有率約百分之八，正式進入台灣第一大主機板公司。一九九八年，營業額爲三百五十二億台幣，速度三級跳。

「羅馬不是一天造成的」，華碩在短短幾年迅速竄起，企業文化是其成功要素。華碩的文化是崇本務實，故須有「內功」，即必須有很堅強的技術實力。施崇棠說：「管理者要戴兩種工具，一個是望遠鏡，一個是顯微鏡。望遠鏡指的是經營者要看得遠，也就是要有前瞻的眼光；顯微鏡要看的是技術，要用科學方法，提升技術升級，不要陷入技術的陷阱。」帶領技術工程師相當有經驗的施崇棠，相當善於帶動團隊士氣。不要壓抑下面的高手，應一起討論，一起成長。

施崇棠出任華碩董事長六年多來，一直保持工程師樸實、認眞、偏執眞理的特質，而且從不離開第一線，對市場趨勢瞭如指掌，因此能求新求變。要以寬廣的視野帶領二千六百多名員工開拓主機板業拿下第一品牌的寶座，更要切入筆記型電腦及光碟機、LCD 市場。在全球一片的電子商務與網路化流程中，華碩也將結合這種趨勢更上一層樓。華碩的筆記型電腦是台灣第四大品牌，目前還有伺服器、光碟機、繪圖卡等產品。華碩在九九年跨入 OEM 行列，OEM是他們發展多年自有品牌後必走之路。他強調，除了品質、研發仍是重點外，流程的整合是未來趨勢。

「品質」與「技術」是施崇棠最想穩定的致勝關鍵。華碩強調「團隊精神」，高層經營團隊都是研發出身，面談新人時，要談得很徹底，高手一出招，就知道他有沒有念通。施崇棠強調，華碩未來要走精兵、精品主義，要生產高品質的產品，發揮「小而美」的經濟效益。

華碩愈來愈大，人愈來愈多，組織一大，人性會傾向玩政治、搞派系內鬥，疏忽研發設計，無法顧及外界環境的競爭。如何避免得「大組織病」，確保永遠合理的組織，將是他要走的路。

十五、其他著名企業家

◆林百里——滿腦鬼點子

「廣達」股票上市後取代華碩登上股王寶座。董事長林百里是締造亮麗業績的靈魂人物。他創立金寶電子之後有志難伸，於十五年後另創廣達。不斷創業使他有機會不斷發揮創意，靠著滿腦的鬼點子在十年間爲廣達開創出令人驚訝的業績。在事業上，林百里一直是個創業家，但他以力行「烏龜精神」刻意淡化自己與衆不同的作風，他說自己像隻烏龜一樣慢慢爬，只有持之以恆終能勝過兔子。

◆葉國一——苦力出身

高職畢業後當過工人、苦力的葉國一，在他三十五歲那年，以一百萬元創立「英業達」，由製造計算機和電話機轉型到更高生產技術的可攜式電腦（mobile pcs）。葉國一慎言、保守，不愛出風頭的作風，形成英業達的企業文化。爲了回饋公司員工的努力，九九年自費數億元在台北林口蓋了一座五星級水準的豪華招待所，免費招待員工「白吃白住」。

◆林挺生——「教授校長董事長」

「老驥伏櫪，志在千里」，大同集團負責人林挺生，生活自律甚嚴，八十二歲的高齡，每天依然工作十六小時，一週工作七天，不抽煙、不喝酒、不喝茶、不喝咖啡。他認爲大同最大的優點是「建教合一，研究發展」，所以大家都稱他「教授校長董事長」。近年長子——大同公司總經理林蔚山——逐漸走上檯面，其他四個兒子，則分掌海外分公司。

◆陳文琦——膽識異於常人

陳文琦畢業於台大電機系，取得加州理工學院碩士後任職於英特爾公司擔任總經理。後來創立威盛電子，在以英特爾為主要對手的晶片組市場上，卓然而立，以優異的營運績效，邁入上市公司之林。他認為台灣廠商長期在英特爾的陰影下，要勇於超越，才能當領導者，他一直朝這方面自我要求。

◆孫道存——「逃學威龍」

個子不高的孫道存，從小好動愛玩，多才多藝，就是不愛讀書。太電集團在大哥大市場輝煌的戰績，為有四十八年歷史的老集團，注入新的生命力。身為企業家第二代的太平洋電線電纜公司總經理孫道存，是帶領太電轉型的關鍵人物。由於多家族股東背景，他特別善於與人結盟、合作。

◆高騰蛟——根留台灣

義美創辦人高騰蛟，一路帶領義美走過六十多年歲月，現今仍任董事長。副董事長及總

經理則分由高騰蛟之子高志尚、高志明擔任，深具家族企業色彩。多年來他不斷提出「農工業一體化」的呼籲，也就是保護農業要同時重視食品製造業，因爲錯誤的保護反而是在毀滅農業，必須要上下游一體才能強化競爭力。

◆李春堂——從談話中偷技術

春雨董事長李春堂是台灣螺絲業的第一人。五十年前，三兄弟想做螺絲，卻什麼都不會，因此李春堂經常和日本人聊天，從談話中偷學一些技術，再想辦法自己試驗，從錯誤中學習。由「春雨畢業生」共同發起成立的「春雨人聯誼會」肩負協調業者、彼此合作的責任。

◆葉進泰——適時切入機會點

選對產品，掌握正確的切入時機，是錸德成功的主因。今年七十三歲的錸德董事長葉進泰，一九八〇年代，成立白金錄音室正式跨入唱片上游——錄音，爲日後錸德壓製雷射唱片奠下根基。十年前，其子葉垂景結合工研院機械所的研發團隊，壓出台灣第一張雷射唱片，使錸德成爲台灣光碟業的領導者。

◆李志文——白手創業

杏輝製藥董事長李志文，曾任美商派德藥廠台灣區業務主任。創業初期，在桃園中壢買下藥廠經營，也在宜蘭以每坪四百元買了六甲半的地，隨後即將桃園的生產合併到宜蘭。目前的員工全數是宜蘭鄉親，低流動率及熟悉製程的熟練工，讓藥品的衛生及品質增加保障。

◆洪銀樹——到處申請專利

只有高中學歷的建準電機董事長洪銀樹，做出全世界最小的風扇馬達，卻是全球最大專業化散熱風扇製造廠。洪銀樹帶頭設計出七百種大小風扇馬達，從十七公分的大小開始，越做越小。建準三年內要拿下全球百分之三十市場，風扇馬達年產量可達一千萬台，更長遠目標是拿下全球百分之五十的市場。洪銀樹深信，要有自己的創新品牌、專利、行銷管道，企業才有未來。因此他到處申請專利，保護他的技術。

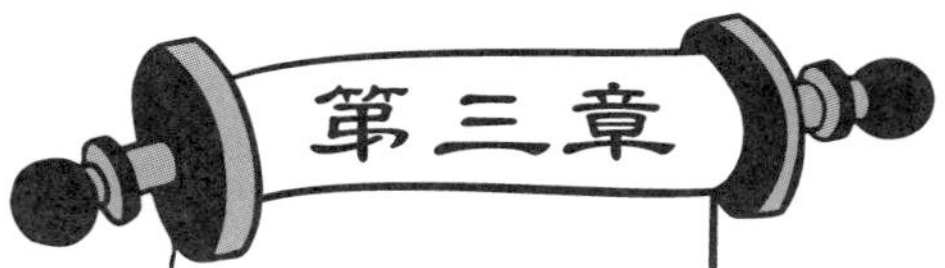

第三章

大陸改革開放前後的企業與企業家

大陸改革開放是在一九七九年開始。從中國共產黨「解放」大陸（即中共建立政權）的一九四九年起，在大陸的企業原先是共產黨鼓勵私有企業與公營合併，後來在一九五八年，私營企業完全被根除，全部企業收歸國有，人民亦不得私自搞私營及個體，形成國有企業壟斷局面。所有工業企業的經理人，完全由國家指派，按國家經濟計畫指標生產，經理人不負盈虧，只需看上面領導臉色，來決定升官與否。所以此時期談不上有什麼企業家這名詞，壓根兒只能說是經理角色而已。

改革開放前的企業家，必須從清末到中共建政前這一百年來所產生的中國企業中去找。清末以來的內憂外患，中國的企業被外商壓抑得無法發展，在洋行幫洋人做事的「幫辦」不能稱爲企業家，在朝廷當官主持開辦廠務企業的官僚不能稱爲企業家，如曾國藩、李鴻章、張之洞等人。

清末到抗日結束時，中國也的確產生一批優秀的民族企業家，他們大都是爲國家民族延續工業而付出，爲破敗的中國、幼稚的民族工業而奮鬥，甚至因而犧牲寶貴的生命。改革開放前的企業家要把企業辦起來是不容易的，外有強敵壓境，內有國賊掣肘，在不平等租稅的環境下要比外商經營的成本高，在設備簡陋、技術落後的條件下，要比外商的產品好，說何容易？改革開放後，大陸私營企業漸漸鬆綁，不平等條約的束縛已不存在，外在環境比以前更有利於發展。只是改革開放的時間很短，大企業是資本慢慢累積而形成，目前尚很難有大企業集團的出現，但是集團的產生也是由小到大，由局部到全部。現代的大陸企業家在改革開放的旗幟下，揮舞著大刀，一步一步地跨上國際舞台是指日可待的。

改革開放前的企業與企業家

中國民族工業的興起，源於抵禦外侮而被動地接受。起初甚且不願意興辦工商業，只是在列強逼迫下，不辦工業不足以救國，於是便踉踉蹌蹌地辦了起來。只是當時的環境要開辦自己的民族工業說來容易，做起來卻困難重重。外商不待你生根便連根拔除，不待你成長便把你摘折壓抑。但還是有許多企業家突破重重困難，殺出一條血路，爲中國的民族工業延續香火。更值得一提的是，有的企業家是幾代前便遠赴南洋經商，見國家處於危難之中，毅然攜款回國投資，以一己之力貢獻國家。正印證 國父孫中山先生所言「華僑爲革命之母」。以下分別敘述較著名的企業與企業家。

一、胡雪巖——「沒有永遠的敵人，只有永遠的利益」

胡雪巖，字光墉，安徽績溪人，生於滿清末年，自幼家貧，生計無靠，父親死後，他被迫到杭州一家錢莊當學徒，由於聰明機警，能言善道，頗受老闆的賞識和信任。然而胡雪巖心有大志，想在商場闖出名堂，只是苦於本錢太少，無法實現抱負。

眞正改變他一生的是王有齡。胡雪巖將他從客戶收回來的帳，轉借給王有齡，讓他去當官，跟自己未來的一輩子下賭注。然而知其不可爲而爲，知其不可賭而賭，看準時機，傾力出擊，這正是胡雪巖的過人之處。這一押注，竟讓他押對寶了，王有齡平步青雲，胡雪巖在商場上也隨著他官越當越大而直上青天。

胡雪巖得到王有齡的「庇蔭」後，開設「阜康錢莊」，更是體現他作爲商人的遠見卓識，的確不同凡響。做生意既要有遠大的眼光，又要有清晰的頭腦，有遠大的眼光，才能從長遠和大局考慮問題，而不是鼠目寸光，或步人後塵；有清晰的頭腦，才能審時度勢，準確把握市場動向，生意無有不成。

「天下熙熙，皆爲利來；天下攘攘，皆爲利往。」胡雪巖做生意講究的是「花花轎兒人抬

人」，他不僅考慮到自己的利益，也替對方的利益著想，絕不為了替自己謀求最大利益而不擇手段。他做生意的原則就是有情有義，在生意往來中，經常替對方的難處窘境著想。

胡雪巖的事業發展，以糧食生意為起點，繼而發展錢莊生意，在二者都穩定成長之後，開始做起軍火買賣。當時要經營軍火生意，非黑白兩道行得通，恐無法成事，他憑自己圓融的經商手法及恩威並施的手段，使競爭者都額首稱臣。胡雪巖認為經商除了自己須有本事之外，沒有靠山是行不通的，因此他廣結善緣、攀龍附鳳，結交何桂清、左宗棠等人。他們之間存在相互利用的關係，如魚幫水、水幫魚，彼此休戚與共。

胡雪巖用人最重視的是一個「忠」字，他認為：無才之人最多使事業發展不起來，而不忠之人卻能使事業走上滅亡之路。他用人更是不計其短，只用其長，若有一技之長，即使毛病百出，也有用的必要，因為每個人都不可能是十全十美的。「天生我才必有用」而且必為他所用。

胡雪巖事業的發展與他能夠識人、用人不無關係。他能在當時做到「不以世俗標準判是非，而以才堪其用斷成敗」，這是他事業得以成功之處。做人情生意是他的一大特長，雖然「無奸不商」，利是商人發展的命脈，但他在為自己謀利同時，也替他人謀利。他說：「一碗飯，大家吃。」凡是與他做生意的人都不必考慮吃虧、上當的事發生。因而他的商路越走越寬廣，生意越做越大。

胡雪巖依靠官場靠山發跡而成功，最後也因官場勢力消弱而失敗，眞是「成也官場，敗也官場」。但是儘管他的失敗有諸多因素，「用人不當」卻是最大的致命傷，「千里之堤，毀於蟻穴」，身爲現代的企業管理者不可不知！

二、「上海商銀」陳光甫——知人善任，求才若渴

陳光甫，一八八一年出生於江蘇省鎭江府丹徒縣，十二歲時隨父遷居漢口，在艱辛學徒生涯中，堅持業餘學習英語。於一九〇四年獲官費津貼前往美國留學，一九〇九年畢業於賓夕法尼亞大學財政商學院，獲經濟學學士學位。

一九一一年十二月，江蘇都督程德全聘請陳光甫爲江蘇省銀行總經理，他到任後全力以赴並開始整頓和革新江蘇銀行。首先他把江蘇銀行從省政府所在地蘇州遷到全國金融貿易中心上海。他對江蘇銀行的經營方針作了重要調整，推出一系列改革措施，例如採用新式銀行經營方法，聘請其他銀行的華人經理爲董事；採用新式會計制度，放棄紙幣發行權，避免省政府當局隨意動用銀行資金抵補虧空；設立貨棧，倡導對物信用；設立儲蓄業務，作爲主要

業務之一；增強銀行信用，聘請外銀會計師每半年查帳一次，帳目對外公開；培訓行員，改革辦事效能等。這些改革措施收到明顯成效。

一九一五年，陳光甫聯絡志同道合的好友，募集資金，以「服務社會，輔助工商實業，抵制國際經濟侵略」爲號召，在上海寧波路創設了上海商業儲蓄銀行，簡稱「上海銀行」。銀行開張時，是上海所有的銀行中房屋最舊、門面最小、職員最少（上下共七人）的銀行，經過二十多年的努力，資本由七萬增至一千萬，存款一億八千萬，占全國私人銀行存款額的十分之一，分支機構遍布全國各主要城市，職員二千多人，成爲與「浙江實業銀行」、「浙江興業銀行」齊名的「南三行」之一，聲譽斐然，令世人矚目。

爲了強化對中下層社會服務的指導思想，陳光甫提出「服務社會，輔助工商實業，抵制國際經濟侵略」的響亮號召，這一口號後來成爲上海銀行的行訓。爲了充分貫徹這一準則，他要求每個行員必須做到：一不辭瑣碎；二不避勞苦；三不圖厚利；四爲人所不屑爲；五從小處做起；六時時想新辦法。這些要求充分體現了以面向中下層社會爲基本內容的「服務社會」和開拓創新的精神。

爲了吸收更多中下層社會的小額儲蓄，深入體現「服務社會」的經營宗旨，上海銀行推出「一元開戶」的小額儲蓄。陳光甫開我銀行史上一元開戶的先鋒。小額儲蓄積少成多，是既穩定又廣闊的資本來源，上海銀行立足於此，開創了一條適合小銀行生存和發展的成功之路。一九五〇年代後期，台灣「十信」的蔡萬春開辦一元開戶的「幸福存款」活動，足足慢了上海銀行四十年。

上海銀行獨具匠心地在淮海路設立「夜金庫」，商店可以把夜間營業收入分包投入金庫，銀行翌晨入帳，這樣就解決商店夜間存放大量現款的問題，受到用戶的好評。陳光甫大力提倡經理、副理、襄理不坐辦公室而在營業廳辦公，讓他們密切聯繫客戶，多交談、多了解客戶的需求，多聽取客戶的意見。上海銀行徐家匯分行建行時，沒有設經理辦公室，特意把經理的座位放在營業櫃檯外面，這項傳統一直延續到今日的台灣。

一九三八年，陳光甫受國民政府委派，赴美洽談借款事宜，和當時駐美大使胡適合作，達成了二千五百萬美元循環使用的桐油借款。抗戰勝利後，緊接著國共內戰又起，隨著國民黨軍隊的節節敗退，陳光甫調整了上海銀行的經營方針，逐步停止對中國國內工商業的放款，並把資金套換成外匯，投資到海外。在一九四九年上海解放前夕離開大陸到了香港，一九五一年把香港分行改為上海商業銀行，在香港註冊。一九六一年上海商銀耗資十萬美元，在花蓮天祥興建招待所落成，後來經張學良無意中談起天祥招待所已老舊問題，上海商銀也有意改建，遂讓出百分之五十五的股份給晶華飯店，雙方共斥資台幣十五億五千萬，興建五星級的「天祥晶華渡假飯店」。一九六五年陳光甫在台北設立上海商業儲蓄銀行，延續以前的業務。一九七六年七月，陳光甫走完人生旅程，享年九六歲。

陳光甫事業上獲得巨大成功，一個重要的原因是他知人善任，求才若渴。他深知「謀事在將，成事在兵」，沒有精幹的部下，就難以取得事業的成功。為了提高員工工作效率，凝聚向心力，樹立員工敬業樂業精神，他首先從精神上激勵行員熱心帶事業，忠於職守。他提出「銀行是我，我是銀行」的口號，鼓勵員工把上海銀行作為自己的終身事業。第二，從人事制度上著手，穩定行員隊伍，解決行員後顧之憂，並用獎懲手段鼓勵行員在業務上衝刺。第三，把職員的經濟利益和銀行的未來聯繫起來，使銀行職工與銀行的成敗休戚相關，榮辱與共。他運用方法，使每個行員都成為銀行股東，使行員眞正成為銀行的主人，銀行興衰，人人有責。在年終發獎金、送「紅包」時，送的均是股票。他還用無息貸款的辦法，鼓勵職員購買本行股票。後來東帝士所採用的員工股利不發現金，只送股票的財務靈活運用策略，足足晚上海商銀五十年。

除了將職員股東化的方法之外，陳光甫更採用了「扣儲特儲」的辦法，加強職員與銀行的經濟利益聯繫。所謂「扣儲特儲」，就是每逢月底發薪，從每人的月薪中扣取百分之一，再由銀行贈相同一份，一併做為行員儲蓄存入銀行，直到行員離職時才提取。

爲了辦好抵押放款，陳光甫採取合資或獨資方式營建倉庫棧房，解決客戶抵押貨物的存放問題；爲開拓横向業務，創辦保險公司、貿易公司等企業；出於擴大上海銀行的影響之考量，同時爲了打破外國旅行社在中國旅遊業的一統天下，他創辦了中國第一家旅行社——「中國旅行社」。這種和本身主要業務有相輔相成，相得益彰的情況，同樣也發生在「海洋之子」張榮發的身上，他從貨櫃海運擴展到陸上貨運、酒店、航空，到最近發布要投資二十億美元，發展海上休閒觀光的郵輪，都與陳光甫有異曲同工之妙。

三、「橡膠大王」陳嘉庚——不惜毀家也要辦學

一八七四年，陳嘉庚生於福建泉州同安縣仁德里集美社（今廈門市集美鎮）。一八八〇年是近代中國的一個出國移民高潮，在南洋各地種植園、礦場做工或經商的中國移民，不下三百萬人，而光從廈門口岸出國到南洋的就達七萬人，其中去新加坡的就有四萬二千多人。這年，陳嘉庚加入出國人流，奔赴新加坡。

陳嘉庚在新加坡獨立經營時，其父已負債累累，面對零和負數的起點，他採取人棄我取的辦法，靈活機動，穩紮穩打，僅用一年時間，就將七千元變成七萬元，發了一筆小財。他

初期經營鳳梨罐頭工廠，但鳳梨罐頭出口好景不長，很快地，價格便大幅滑落，他馬上把目光投向前程不可限量的橡膠業。同時，他也果斷地發展碾米業，尤其是熟米的經營，三十八歲的陳嘉庚已是百萬富豪。

第一次世界大戰對於絕大多數廠商來說是一場大災難，陳嘉庚卻租了幾艘船下海經營海運。有人說他這是「把財富放到軍艦砲火底下」，太冒險了。然而，他經營海運三年，獲利三百多萬。在膠片大幅降價，膠廠頻頻倒閉時，他開始以前所未有、迅雷不及掩耳的速度和規模大力發展橡膠業。到一九二五年，陳嘉庚事業如日中天，橡膠園擴展到一千五百多英畝，各種橡膠生產工廠三十多家，直營商店和遍布全世界的分公司已有一百多家。值得一提的是，所生產的「鐘」牌膠布鞋更以其美觀、舒適、耐穿而譽滿全球，有人直譽爲「陳嘉庚鞋」。陳嘉庚成了世界的「橡膠大王」。

十九世紀和二十世紀之交，軍閥在福建進行大混戰，各地學校紛紛停課，然而陳嘉庚所興辦的「集美學校」被各地軍閥視爲神聖不可侵犯的「聖地」，武力不能越雷池一步。陳嘉庚對教育最有貢獻的是傾資創辦「廈門大學」。早年，他曾多次資助孫中山發起革命運動。對中國各項公益事業更是不遺餘力，尤其是教育事業。陳嘉庚生於清代，長於亂世，深知教育事業的興衰關係到國家民族的存亡，因而他在籌辦「廈大」時曾說：「國家之富強，全在乎國

民；國民之發展，全在乎教育。」於是他大力捐資辦學，其中「集美學校」和「廈門大學」更是他傾囊投入的教育事業。

陳嘉庚將本人在新加坡的所有不動產，包括橡膠園七千英畝和貨棧、商店土地一百五十平方英尺，全部捐作「集美學校」永久基金。爲了普及小學教育，他還在一九二一年到一九二二年間，在福建同安創辦四十所學校。

當時中國的大學多屬外國人辦的，其科系不外乎神學、文學、醫學等，而農工商及和國家經濟有關的專業科學則少有所聞，因此決定創辦一所要爲國家培養教育、經濟和政治方面人才的福建廈門大學。他深知人才尤其是好校長和好教員的重要，一九二〇年初，國民政府之軍政要員及吳稚暉、胡漢民、朱執信、李石曾等曾前往提供籌辦「廈大」的策劃。起初，陳嘉庚曾勸汪精衛放棄政治生涯而專心做學問，並聘請他爲廈大校長，可是他志不在此。終於皇天不負苦心人，經陳嘉庚的努力，廈大網羅國內許多精英，如陳衍、林語堂、顧頡剛等幾十位飽學之士。

一九六一年，陳嘉庚在北京去世，其遺產全部捐出興學，一分錢也沒留給後代子孫，總計他一生中投入教育的捐資當在一億美元以上，這種不惜毀家也要辦學的「狂熱」精神，眞是人間罕有。

四、「先施」黃煥南——百貨業龍頭

上海是世界金融中心之一，南京路是名聞中外的第一街，早在二三十年代，南京路已是十里洋場的繁榮地段了。促使南京路繁華的因素主要有當時最現代化、最時髦的四大百貨公司——先施、永安、新新、大新——所製造的人潮，晚上百燈齊放，增添無限光芒與魅力。在四大百貨公司中，創辦最早的是先施公司，它的創辦者就是近代中國百貨業龍頭黃煥南。

一八五六年三月二十八日，黃煥南出生於廣東香山縣（今中山縣），由於家鄉等米下鍋的日子久久長長，他在十七歲時便登上澳洲的雪梨。黃煥南在雜貨店當了十二年雜工，省吃儉用，積蓄微薄資金，與友人合夥開設一家名爲「廣生和」的雜貨店。數年間陸續開了一些分店，他成爲當地有名的僑商。

辛亥革命後，他聽說南京政府頒布「實業法規」，鼓勵華僑回國投資，當時他已經五十六歲，經過一年籌備處理，變賣在澳洲全部家產，於一九一三年攜款回國。他回國後並不急於投資，而是靜觀情勢，了解商情。他首先拜訪在澳洲就已熟識的澳洲華僑馬應彪，其於一九〇〇年聯合澳洲華僑十餘人在香港創辦「先施百貨公司」。

為什麼取名「先施」呢？因為香港淪為殖民地以後，人民開始信奉基督教。《聖經》有一句話「施比受更有福」，施者有福，那麼先施者就更加有福了。香港先施經營十餘年，馬決定投資廣州，用四十萬元巨資開辦「廣州先施公司」，當時即聘請黃煥南加盟廣州先施公司，委以董事兼總經理，負責經營。黃煥南以銷定產，產品從無積壓，加速資金流轉，他更提出「一流產品、一流品質」的口號，打出一批以先施命名的品牌。他經常告誡員工：顧客永遠是對的；先施員工要永遠為顧客著想；要有「人無我有」的經營理念。這些經營哲學、企業精神也同樣發生在數十年後台灣東元電機的身上。

馬在港、粵經營有成後，把觸角延伸到上海，並委託黃煥南到上海考察。黃煥南連續幾天讓人分別在馬路的南面和北面數人頭、丟黃豆，經過計算，走在馬路北面的行人比走在南面的行人多，他還親自走訪兩邊的小商販，小商販都說北面設攤比南面生意好。上海先施百貨於一九一七年十月二十日開業時，造成轟動。但是先施公司在發展過程中並非一帆風順，二十年代上海百貨公司競爭異常激烈，對面永安百貨拔地而起，為招攬顧客，先施與永安開始暗中較量，後來發展到公開較量，呈白熱化的趨勢。一九三四年八月二十四日，黃煥南因病在上海去世。他去世後，抗戰爆發，在日偽統治下，先施步履維艱，只求生存，不求發展。大陸改革開放後，先施捲土重來，先後在上海、大連等地籌建百貨公司。大連先施百貨

於一九九八年開幕，適逢東南亞經濟危機及中國百年洪澇，現正慘淡經營，力求突破。

黃煥南經營事業有成，自有其一套方法。他深刻體認「嚴格管理是企業的生命」，而管理首先是對人的管理，對採購者嚴令進貨不得受賄，在品質保證的前題下，價廉者優先。他經常告誡員工：「市場是季風，企業是風標，跟著風向轉的風標，才是好風標。市場需要什麼，工廠就生產什麼，商家便販售什麼，市場和顧客永遠是第一位的。誰要不眞正理解這個道理，誰就不能使自己立於不敗之地，也就不能成爲一個成功的企業家。」

五、「永安」郭樂——顧客至上，笑臉相迎

中國解放前，在舊上海赫赫有名的上海永安百貨公司和上海永安紡織印染公司，是由澳洲華僑郭樂創辦的。座落於上海南京路的永安百貨創辦於一九一八年，其規模之大，在中國當時百貨業中是屈指可數的。上海永安紡織印染公司創辦於一九二二年，由最初的一個棉紡廠逐步擴展成爲擁有五個棉紡廠、一個印染廠和一個機器紡織印染全能企業，在當時僅次於中新紡織系統，而主導「永安集團」的靈魂人物郭樂，正是一位集資興業的能手。

郭樂於一八七四年生於廣東省中山縣石歧鎮，與孫中山先生是小同鄉，年齡比他小十

歲。少年時，家鄉收成差，加上猛於虎的苛稅，幾乎斷絕生計，無奈之下，父親籌措路費港幣二百八十元，送郭樂到澳洲投奔大哥。一八九七年八月一日，澳洲「永安果欄」掛牌開張。二十年後，分支聯號遍及亞、歐、美洲，成為擁有商業、工業、金融、地產等企業集團的郭氏永安集團。一九〇七年，香港永安公司在皇后大道開張，並以此作為前進中國大陸的基地。

一九一八年前，郭氏兄弟到上海作市場調查，為興建永安百貨公司而準備。他們選中上海現今最繁華的地區——南京路，並找來兩人許以重金，交代這兩人，每從身邊走過一個行人，就摸出一粒豆子放到另一邊的袋裡去，一個也不能放過，一個也不許弄錯，從早到晚就做這事，不許有絲毫差錯。一連幾天，終於把馬路兩邊的行人流向統計出來，結論是：路南的行人比路北多，也就是今天所謂的路的陰陽面，陽面人流較多。於是就把「永安百貨」建在南京路沿浙江路南邊一側，坐南朝北。上海永安百貨從一九一八年開業到一九三六年，興盛一時，躍居上海四大百貨公司之首，盈利達二千三百九十六萬港幣，約為原來資本的十倍。與此同時，永安集團在雪梨、香港的企業也得到發展，先後投資輪船公司、開設織造廠，及經營貨棧等。

郭樂於一九五六年逝世於美國，享年八十二歲。目前在美國、馬來西亞、新加坡、香港等地，永安集團都擁有相當規模的銀行、商場、工廠、賓館等各種企業。八十年代，上海永安百貨老建築進行大改造，全部設計和改建工程由香港永安集團承擔。改建之後，本來打算採用「新安」作爲店名，後來由於中國有關部門的投資，而改爲「華聯商廈」。

「集僑資，辦企業」是郭樂經營事業的方針，到創辦永安紗廠時，「集僑資」的具體辦法更爲完善，從發起人到倡辦員、招股員，上下交織形成一個巨細不捐的招股網。向華僑招股成爲永安企業集團發展的基礎。

永安公司非常重視禮貌待客，把「重招徠」、「禮顧客」作爲經營的要訣。創始人郭樂、郭泉兩兄弟認爲：「得罪一個顧客，就等於趕走十個顧客。」因此，他們要求營業員，對顧客要「歡容相接，善爲招待」；在顧客挑選貨物時，無論退換幾十次，均須和顏悅色，遵命唯謹。無論交易是否成功，均應道謝賜顧盛意，請其下次光顧。已成交之貨，包裝完畢，應順問是否需送到車上？他們強調：「此雖細節，然宜注意，方爲周到。」對那些開罪客人的營業員，給予不同的處罰，而對那些接近顧客，招徠生意有成績的營業員，公司總是升賞有加。所以，當時的永安公司，熱誠待客，蔚然成風，出現了一批被稱爲「她抓得住我」的營業員，贏得顧客的心。觀之，現在中國大陸國營的百貨商場，看到顧客不但不會笑臉相迎，更有甚者，還擺出「晚娘面孔」，給你使臉色，好似欠她幾百萬不還似的。公營與民營的差距眞是如此巨大嗎？

六、「合和」胡應湘——善於審時度勢、掌握時機

胡應湘是中、港耳熟能詳的投資大王，他親手設計的「合和中心」是八〇年代香港最高的商業大樓。廣州的中國大酒店、深圳的沙角 A.B.C 電廠、中國第一條高速公路「廣—深—珠高速公路」，都是他的傑作。他所創立的上市公司「合和實業」和香港新鴻基地產、長江實業、恆大地產及大昌地產，並稱爲「香港華資五虎將」。

胡應湘於一九三五年出生香港，中學畢業後留學美國，一九五八年獲美國普林斯頓大學土木工程學士學位。回港後先後任建築工程師和港府工務局職員。一九六九年創辦香港合和實業有限公司，自任總經理。經過二十多年的努力，合和實業已擁有市值幾十億港元的資產，成爲香港地產業、建築業中一支舉足輕重的力量。

他在任工程師期間，用了幾年時間對香港市場進行全面的觀察和分析，認定香港經濟今後將會有一個飛躍發展的時期。他還認識到經濟蒸蒸日上，必然會帶來交通運輸業的繁榮與興旺，這對父親經營的計程出租車行業必有好處。然而，他又注意到，因爲計程車行業投入

資金少，技術難度不大，一般人都可以經營，這勢必會有越來越多人參與經營，激烈的競爭和香港有限的客源，將導致該行業經營效益不佳。而與此同時，胡應湘以卓越的眼光看到前景光明的房地產業。他認爲，經濟的發展，市場不但需求大量的工業用房、商業用樓，還需要大量的旅遊商店，更因人們生活的改善、收入的增加，潛伏著極大的居民住宅需求。胡應湘認爲，香港是個特殊的地方，地理條件和環境都好，是一個商業中心、旅遊中心、金融中心，與中國內地的經濟有著密切的關係，所以其經濟繁榮時期不會曇花一現，一定會持續穩定發展。這樣，經營房地產業只要決策正確，管理得法，一定可以賺大錢。

胡應湘向父親講述了自己的看法，得到其父支持。於是從一九六七年開始，逐步撤出計程車行業，把資金和經營方向轉向地產業。一九六九年，胡應湘與父親共同成立「合和實業有限公司」，並於一九七二年改組爲上市公司，籌得大筆資金後再擴大房地產的投資。合和實業在胡應湘的直接掌管下，憑著他的專業知識、管理能力和敏銳的眼光，房地產投資節節勝利，公司業務飛速發展，到七○年代初，在香港地產業已占有一席之地。七○年代末，他又敏銳地觀察到香港的地產業將要變化，他果斷地改變合和的發展方向，轉而在大陸內地、泰國、菲律賓發展與民生相關的基建項目，如公路、發電廠等。胡應湘之所以改變方向，除了看到香港市場的發展趨勢外，更預測到大陸從八○年代起，將會因實行改革開放政策而帶來經濟起飛。爲此，他果斷地把資金投入大陸衆多的重大項目。一九八一年，當他第一次見到當時任中國國務院副總理的谷牧時，就直接了當地提出了修高速公路的主張。他說：「中國有三條高速公路非修不可。一條是北京到天津；一條是瀋陽到大連；一條是廣州到深圳。決心下得越慢，對經濟發展越不利。」因此投資近十億美元的一百二十公里廣深高速公路於一九九四年六月三十日正式通車，胡應湘持股百分之五十。另投資數億美元在深圳沙角 A.B.C 電廠。此外還投資廣東順德的公路及橋樑，廣州市東、南、西環高速公路等。胡應湘在中國已投入資金約三十多億美元，到廿世紀末已超過一百億美元，其中大部分投入離香港最近的廣東。

對胡應湘如此賣力地投入大陸能源、交通設施的建設，令許多生意人感到不解。一般外商和港商去大陸投資，大多把眼光放在回收資金較快的項目。而他卻把資金投放在短期並不賺錢的基礎設施建設上。他認爲：「我去中國投資不僅是爲了賺錢，投資基礎建設收效很慢，但我有一個願望，希望珠江三角洲在不久的將來，能夠繼香港、台灣、新加坡、南韓之後成爲經濟上的一條新小龍，爲此，我願做出努力！」

七、「張裕」張弼士——訊息靈通，精於經營方法

張弼士，廣東大埔人，生於一八四〇年，卒於一九一六年。其父是書匠，收入微薄難以養家糊口，為求生路，他隻身逃荒到荷屬巴城（今印尼雅加達）。先是做苦力，當雜工，後來自行經營實業，成為當時南洋華僑中首屈一指的百萬富翁。他一生中先後在國內外創辦過數十個企業，其中以獨資創辦的煙台張裕釀酒最負盛名。

張裕公司，是中國釀酒史上第一個採用近代工業方法釀酒的大型工廠，也是當時遠東最大的一家新式釀酒工廠。一九一二年，孫中山先生到張裕公司參觀，曾親筆題詞「品重醴泉」四個大字，予以讚譽。在一九一五年巴拿馬博覽會上，張裕公司生產的白蘭地、紅葡萄酒、瓊瑤液和益壽漿，獲得金質獎章和最優等獎狀。從此，張裕公司生產的名酒，享譽海外。張弼士之所以成功，除有強烈的愛國心之外，有事業心並掌握經營方法，注重時機，駕馭機遇，更是他獲得成功的重要原因。

張弼士在雅加達不僅經營墾殖業旗開得勝，且經營其他行業亦發展神速，一八七五年在馬來西亞的檳榔嶼經營土產，一八七七年，在日麗創辦日麗銀行，成為當時當地金融業之樞

紐。一八八九年某日，張弼士因事擬乘德國郵輪由雅加達到新加坡。不料德輪公司竟無禮規定華人不得坐頭等艙。他一時怒不可遏，把船票撕得粉碎，踩在腳下用力踐踏，又順手把陳列在客廳裡慈禧太后賞賜的寶藍大花瓶摔得四分五裂，吼道：「太歧視人了，中華民族不可辱！清廷不辦海運，我來辦！」不久，即在雅加達和亞齊分別創辦「裕昌遠洋輪船公司」和「廣福遠洋輪船公司」，航行於香港、新加坡等地，設備、服務均屬上乘，票價卻比德輪低一半，並公開宣布為華人服務，特定一條拒絕德人乘坐，與德輪相抗衡。此舉迫使德輪公司取消歧視華人的規定，一時傳為美談，大快人心。

清朝末年，清政府訓令各省大力邀請南洋富商回國投資。一八九二年，清廷駐英公使龔照瑗赴美考察時，途經新加坡，專程拜訪華僑中德高望重、聞名南洋的張弼士。張弼士感到回國投資的良機已悄然來到。龔照瑗見張弼士才幹過人，便向清廷推薦，清政府曾三次召見他，並委以重任。張弼士身居要職，回國投資更加著力。一九〇六年，在廣東佛山創辦裕益機製砂磚公司，更先後在廣州西關創辦亞通織造公司，在平海創辦福裕鹽田公司，在雷州遂溪創辦普生機械火犁墾牧公司，是中國引進農業機械最早的一個。

一八七一年的某一天，張弼士應邀出席法國駐雅加達領事舉行的酒會。席間，他發現所飲的酒異常甘美，與平日所飲的酒味道不同，便問是哪裡來的好酒。法領事回答說，這是法國的白蘭地。法領事還告訴他，法國有位神父，曾用煙台所產的葡萄，自行製造出同樣的好酒，說明中國煙台出產的葡萄，也可以釀造出這類美酒。言者無心，聽者有意，這個偶然的訊息，引發他辦酒廠的興趣。二十年後，他的願望終於實現。

一八九一年，清廷督辦鐵路大臣盛宣懷請張弼士到煙台商談興辦鐵路，開辦礦山事宜。張弼士感到這是創辦酒廠的契機。他便對盛宣懷提出擬在煙台籌辦酒廠，請他支持，盛氏當即表示支持，願意協助解決酒樽問題。他幫助張弼士申報，批准了張裕公司的設立，取得了洋務大臣李鴻章簽發的執照，獲准十五年專利，並獲得三年免稅待遇。張弼士便於一八九二年開始籌建酒廠，一八九四年通過盛宣懷報請政府正式批准，開設張裕釀酒公司。

一九一五年，張弼士率領農業考察團赴美國參觀考察時，正值舉行巴拿馬萬國商品比賽會。張氏覺得這更是擴大張裕酒的千載難逢良機，他便把隨身帶去的白蘭地、紅葡萄酒（玫瑰香）、瓊瑤漿（味美思）和益壽漿送去參賽，結果獲得金質獎章和最優質獎狀，「金獎的白蘭地」因此而得名。從此，張裕酒享譽海外。

一九一六年四月，張弼士為籌集中美銀行資金及考察商務，不顧年高體弱再赴南洋各地奔走，因積勞成疾，於是年九月病逝於他六十年前初旅之地——雅加達，享年七十六歲。靈柩經新加坡、香港等地返回廣東大埔故里安葬時，荷、英殖民局均下半旗致哀，新、港、英

方總督及香港大學校長等登船致祭。在省城廣州公祭，盛況空前，更是備極哀榮。

張裕公司自一八九四年創辦以來，已走過一個多世紀。張弼士在中國創辦數十個大小企業，至今碩果僅存的是煙台張裕葡萄釀酒公司。百年風雲，世事變遷，卻永遠消除不了後人對張弼士的敬重和懷念。

八、「虎標」胡文虎——善於市場分析，重視形象廣告

胡文虎，一八八四年生於緬甸仰光，原籍福建永定縣。其父胡子欽是位中醫，因家貧出外謀生，於一八六二年隻身飄洋過海到仰光。胡子欽醫術頗高，深受緬甸華僑的敬重。後來在仰光開一間中藥舖取名「永安堂」。胡文虎有三兄弟，取名為文龍、文虎、文豹。

一九〇八年，父親去世，文龍幼時夭折，留下的永安堂由文虎、文豹兩兄弟經營。他在經營藥店的同時，悉心研製一種能夠醫治多種病痛的藥油。原來他父親當年由永定去仰光時，曾從中國帶去一種名為「玉樹神散」的中成藥，這種藥能提神解暑，止痛止癢。南洋一帶靠近赤道，陽光直射時間很長，人容易中暑，頭昏、疲勞，而蚊蟲又多，一經叮咬，則奇癢難耐。「玉樹神散」很受當地居民歡迎。胡文虎即以此藥為基礎，用科學方法加以改良。

它既可內服，又能外擦，價錢便宜，用老虎爲招牌，取名「虎標萬金油」。與此同時，他還聘請醫藥人員搜集中國和緬甸的古方，研製成藥丹、藥粉、藥水，分別取名八卦丹、頭痛粉、止痛散和清爽水，統稱「虎標王大良藥」。

胡文虎的成功，最基礎的是他創製了虎標萬金油，但最關鍵的是他善於分析市場，適應變化，掌握住幾次關鍵時機，因而「虎標」得以虎虎生風。爲擴大產品的銷路，胡文虎開始想通過廣告宣傳來提高知名度。他想出花費不大又能突破時空限制的廣告宣傳方法，就是印製大量的廣告，派人到各地四處張貼。仰光貼滿了，就到香港、新加坡、馬來西亞等地去張貼，邊張貼邊推銷，效果十分明顯。更有特色的是，胡文虎還聘請了好幾位文士專爲他寫廣告詞。這些宣傳虎標成藥的廣告，挖空心思，故作驚人之語，用以吸引顧客。

二十年代末期，世界經濟不景氣，胡文虎的產品銷路也遇到了嚴峻的挑戰。他敏感地意識到，要使自己的產品繼續占領市場，保持良好的銷售，必須進一步擴大廣告的宣傳效應。他改變以往花錢在別人報刊登廣告的做法，堅持自己辦報。接著，他一口氣辦了十五家報紙，從一九二八年到一九五二年，二十幾年間，形成一個星系報業集團。當時出任新加坡《虎報》社長的胡文虎第三個兒子（養子）胡好，爲了與英國官方《海峽時報》競爭銷路，特意購買了兩架小型專機，專門運送《虎報》，此事曾震驚整個亞洲。

一九五四年九月五日，胡文虎因心肌梗塞病逝於美國夏威夷的檀香山醫院，享年七十二歲。胡仙是胡文虎後繼者之一。她是胡文虎的女兒，《星島日報》由其父創辦後，在她的努力經營下，將《星島》報業在香港上市，同時又將這分中文報紙打進國際華人市場，成爲幾乎有華人的地方，就必有《星島》的局面。但她在一些投資中，卻遭遇到不少虧損，特別是《星島》一度曾將業務重心搬到澳洲，大筆投資地產，結果卻虧損累累。《星島》在一九九三年與大陸《人民日報》合辦《星光月刊》，在一九九五年與深圳特區報發行《深星時報》，但兩項合作至今卻是《星島》集團的負擔。

由胡文虎家族創辦並經營了六十二年的香港《星島日報》，於一九九九年四月二十九日正式易主，售給旗下擁有包括英國著名刊物《經濟學人》和《金融時報》的 LAZARD ASIA公司。

胡文虎樂善好施，長期致力於普及教育，提高中國人民的文化生活水準，對中國的教育事業捐款更是不遺餘力；他更資助慈善公益事業，出錢辦過不少醫院、養老院、孤兒院等；對體育運動也有濃厚的興趣，對體育事業的資助也樂此不疲。普天之下，像胡文虎如此巨富，不乏其人，但有錢又能宅心仁厚，廣濟博施，惠利群衆，愛國愛鄉者，則屬罕有。

九、「影業帝王」邵逸夫——勤奮嚴謹，靈巧應變

邵逸夫，這個在香港、台灣乃至東南亞幾乎家喻戶曉的名字，由於他創辦的邵氏影業公司成績卓越，早已被人與「影業皇帝」、「影業巨星」、「東南亞影業巨頭」、「亞洲影業大亨」等耀眼的盛譽聯繫在一起。稱邵氏為「影業帝王」他受之無愧。

早在六〇年代初，邵氏影業公司已在東南亞各地擁有電影院一百三十家左右，時至今日更遍布香港、新加坡、馬來西亞、台灣、美國及歐洲等地。邵逸夫從事電影業長達半個多世紀，他的公司拍攝的影片已多得難以統計，僅以設在香港的邵氏電影製片廠來看，二十年中就已拍片一千餘部。

據美國著名財經雜誌《富比士》估算，邵氏家族在東南亞的財產已達十一億美元。據新加坡、馬來西亞報章在一九七八年的估算，當時邵逸夫個人在該地的財產約四億美元。而據香港《亞洲周刊》統計，光是邵氏在新加坡的三座大廈就價值七．五億美元，至一九九一年多項資料估算，邵逸夫個人資產達八十五億港元之巨，香港富豪榜上名列第八。

邵氏機構的經營，目前實際上已轉向多元化，涉及到地產、金融等行業。對邵逸夫而

言，與其他領域相比，他更加偏愛文學、影視。一九七四年，他獲英國女王頒授的 CBE 勛銜；一九七七年又獲爵士勛銜，在眾多華人巨賈中，邵逸夫是唯一的純粹文士。

邵逸夫，祖籍浙江寧波鎮海，一九〇九年出生於上海，他的父親邵玉軒是當時上海一家漂染店的老板，善於經營，家境富足，邵逸夫和他的兄長們從小都受到良好的教育，邵逸夫曾在美國人開辦的青年會中學讀書，能講流利的英語。邵逸夫的大哥邵醉翁，原本是一位律師，但卻非常迷戀戲劇藝術，二十年代初，在父親的經濟支持下，辭去律師職務，創設「笑舞台」。一九二四年，邵醉翁自編自導，成功地拍出了邵氏家族的第一部電影，這部片子受到鼓勵和讚揚，醉翁藉此機會創立「天一影片公司」，親任編劇和導演，全心投入電影事業。「天一影片公司」成立後，邵逸夫被大哥拉了進去，當時只有十幾歲，成了「天一影片公司」最年輕的雇員。

一九二五年，邵氏兄弟前往新加坡開拓市場，一九二八年成立邵氏機構，初期只有三名員工。儘管邵氏經過一番奮鬥後在東南亞獲得成功，但邵逸夫發現香港的條件比較好，繼而有意把製作基地轉向香港，開拓香江市場。一九六〇年，邵逸夫在香港邵氏影城正式掛牌「邵氏兄弟有限公司」。邵氏的電影公司經歷了「天一影片公司」、「南洋影業公司」，直到「邵氏兄弟影業公司」。邵逸夫在獨立掌管公司之後，仍不忘兄弟之情，可見在他一生中，兄長們給他的幫助之大和影響之深。

邵氏影城初創時，最需要的是人才。大量的廣告宣傳，優厚的條件待遇，再加上邵逸夫在東南亞影業界的聲望，很快地網羅到各路人才。導演方面有陶秦、李翰祥、卜萬倉、岳楓、羅臻、何夢華、羅俊、宋存壽、丁善璽，中平康、島耕二、井上梅次等名流；名演員方面有林黛、李麗華、朱蒂、張仲文、丁江、陳厚、趙雷、關山等。邵逸夫用人自有一套見解，他大膽起用年僅三十歲的導演李翰祥，影片一上演，賣座率創當時香港票房紀錄，各家戲院爆滿，《江山美人》在亞洲第五屆影展囊括五項大獎。於是，邵氏公司興辦「南國影星培訓班」，培育出李菁、何莉、鄭佩佩、林莉、秦萍、方盈、李麗、王羽、岳華、羅烈等演員。《江山美人》推出不久，邵氏公司又推出兩部巨片——《楊貴妃》和《梁山伯與祝英台》，這兩部巨片在台灣上映後，得到觀眾「完全瘋狂」地迴響，觀眾如痴如醉簡直像著魔似的。曾經有一位老太太，一連看了一百多場。後來女主角凌波到台灣訪問，萬人空巷，受到影迷的盛大歡迎，熱烈程度遠遠超過美國總統艾森豪訪台，而且在港、台、東南亞一帶掀起一陣「黃梅調」熱。

現在人人以為李小龍的戲，是香港打入國際市場的第一部，其實第一部打入國際市場的戲，是一九七二年邵氏的《天下第一拳》。羅烈主演的《天下第一拳》在美國三百五十家電影

院同時放映，造成轟動，是當年全美七大賣座片之一。

有人問邵逸夫是如何成功的？他說：「我個人對成功的界定是努力工作和靈巧應變。每個人須努力趕上時代，認眞地工作，全力以赴，貫徹始終。」歸納邵氏的成功主要在於他的信心、堅毅、把握機會；吃苦耐勞、勤奮嚴謹；創造環境，跟上時代潮流以及重視人才培養。邵氏成功的同時也樂於布施。香港《亞洲周刊》曾經這樣報導：「邵逸夫現時經常考慮的不是如何賺錢，而是如何『花錢』——捐獻。」事實上，邵逸夫在過去多年為大陸、台灣、香港、東南亞所作的捐獻，數目不菲。事實的確如此，一九八七年，邵逸夫捐贈一億港元給香港中文大學興建第四所書院，取名為「逸夫書院」。此外他還捐贈給香港醫療及社會服務機構，同時，也對大陸的教育事業捐贈巨款。邵氏基金會的捐贈更遠及美國的名校，如哈佛、史丹佛、麻省理工等大學都先後接受捐贈。

為表彰邵逸夫多年來對中國教育事業的貢獻，一九九〇年六月一日，在香港清水灣無線電視城，中國新華社香港分社社長周南，代表中國科學院和小行星中心，將南京紫金山天文台發現的四顆小行星中的一顆冠名為「邵逸夫星」，並當場頒發證書。這是邵逸夫一生中無上的榮耀，他將因而名垂千古。

十、「申新」榮氏兄弟——靈活經營，堅忍不拔

榮毅仁的伯父榮宗敬、父親榮德生是廿世紀前半葉中國最著名的實業家。他們從經營錢莊起家，轉而發展企業，從一九〇二年到抗日戰爭爆發前，先後創辦「茂新」、「福新」系統麵粉廠十二家，「申新」系統紡織廠九家和其他一些工廠。其規模、資本、銷售額在中國民營麵粉、紡紗業中都是首屈一指，成爲中國粉紗業中一艘名副其實的「航空母艦」。榮氏兄弟因而獲得「麵粉大王」、「紡織大王」的美稱。成爲中國早期最大的實業家，威名遠播海內外，後繼者榮毅仁兒子榮智健更是跨足金融、房地產、電訊、電腦、航空等行業，創建香港「中信泰富」集團，財產達一百七十六億港元，名列香港十大富豪的第九位。

榮宗敬一八七三年、榮德生一八七五年出生於江蘇無錫時，榮家祖輩以經商販運爲生，日子過得十分不錯。可是到父執輩，家道中衰。榮氏兄弟在母親石氏一手操持下漸漸長大成人。榮宗敬七歲入私塾，他聰明好學，性格剛毅開朗，被私塾老師視爲奇人。榮德生性格內向，老成持重，開智也較晚，九歲入私塾，他苦讀博學，深獲同輩敬重。

一場甲午戰爭幾乎使榮氏父子三人失業在家，令他們深感惶恐。一八九六年初，榮宗敬

隨父去上海求職，同年二月，其父榮熙泰在上海鴻生碼頭正式開辦廣生錢莊，由榮宗敬任經理，榮德生管正帳，爲他們一生事業打下初步的基礎。

一九〇二年，保興麵粉廠經過各方努力，正式開機生產。一九〇七年振新紗廠正式開工投產。一九〇九年，茂新紗廠股東因連年虧損，自願低價出讓股份，榮氏兄弟以低價大量買進，終成茂新最大股東。榮氏兄弟經歷過先前的風險，意識到只有不斷擴大生產規模，降低生產成本，提高產品品質，才能在激烈的市場競爭中，立於不敗之地。於是他們決定更新設備，擴大生產。這套經營哲學，被現在台灣的奇美 **ABS** 公司發揮得淋漓盡致。當 **ABS** 滯銷時，奇美不但未縮小生產線，反而擴大生產，達到經濟規模，以降低成本，提高競爭力，因而奪下全球 **ABS** 產量最大的寶座。

一九三二年，申新系統的紗錠數占全國棉紡織廠的百分之十一、全國民族工業棉紡廠的百分之二十；布機數占全國棉紗廠的百分之十三．五、全國民族工業廠的百分之二十八，成爲全國名副其實的「紗業大王」。至此，榮氏兄弟戴上了粉、紗大王兩頂桂冠，達到自己事業的頂峰，創造了榮氏千秋家業的輝煌時代。

榮氏兄弟崇尚這樣一個辦企業的宗旨：「造廠力求其快，設備力求其新，開工力求其定，擴展力求其多。」現在台灣的台塑、奇美亦秉持此法，蓋一個大廠只需兩、三個月便完工，馬上投產，以爭取時效。具體說來，榮氏兄弟的經營思想和方法主要有以下幾點：一、竭力擴大生產能力和規模，堅信「做大致勝」的原則。二、多管道累積資本，用於做大企業規模。榮氏兄弟進行籌資和累積資本的方法和管道，自有其高招和門徑，主要有滾雪球法、舉債借款法及吸納同仁資金法等。三、注意企業管理與改革，重視人才培養與用人，提高勞動生產力。榮氏企業是中國近代企業中推行現代科學管理最早的企業之一。其中，建立「勞工自治區」，實施和推行「勞工自治」，在榮氏兄弟經營的無錫申新三廠是一件除舊佈新的大事，是榮氏企業經營擺脫舊的管理制度，進而探索中國工業特色經營之路的一項重大舉措，在中國近代企業經營史上寫下深刻的一頁。

抗日戰爭爆發後，榮氏企業不僅飽受戰火的摧殘，而且激烈內鬨，開始出現分裂。抗戰勝利後，榮德生在總結兄長榮宗敬及自身幾十年來興辦企業的基礎上，提出創辦名爲「天元實業公司」的龐大企業集團計畫，意欲奪取實業界的「天元」稱號。他打算把自己及兒子輩在茂福新總公司各廠的資本劃出來，用於組建天元公司，由他任總經理，七個兒子任副總經理，他百年之後由兒子中的年長者繼任總經理。該公司只辦實業，不做投機買賣。

共產黨解放大陸前，榮家企業一些主持人紛紛拆機外遷到香港、台灣、海外等地，抽走大量資金。榮德生此時仍坐鎮無錫，下令開工生產。由於兒子爾仁、研仁去了香港，去港途

中，飛機失事遇難，因此，榮毅仁挑起重擔，負責總管理處的日常事務，協助父親支撐企業的運轉。一九四九年底，中共建政，榮德生獲邀請為中國人民政治協商會議代表，並被推舉為第一屆全國政協委員。一九五二年七月二十九日，榮德生因病逝世於無錫寓所，享年七十八歲。

榮德生生前即對家族企業如何永續經營胸有成竹。解放前，榮德生將家族財產一分為二，由長子爾仁和三子鴻仁攜帶部分資產離開中國前往美國、澳洲，而他和次子毅仁則留在上海，由毅仁出任家族企業的總管。一九五七年，榮毅仁被委任為上海市副市長，後又出任國務院紡織工業部副部長，一九九三年被選為國家副主席，一九九七年退休。

榮氏兄弟在短短數十年時間裡，從兩手空空的錢莊學徒起步，到創下龐大家族企業，脫穎而出成為中國近代企業首屈一指的巨擘，這與他們在市場競爭的風浪中勇於搏擊、靈活經營密不可分。

十一、其他著名企業與企業家

中共建政後幾年，一直到改革開放前，私有企業被收歸國營，因此不存在著名企業或企業家。以下所列者，係指清末到中共建政後幾年間，對近代中國有深遠影響的企業與企業家。

◆范旭東——中國化工之父

范旭東一八八三年十月二十四日出生於湖南湘陰縣。一八九九年負笈東瀛，立志工業救國。回國後，一九一五年，在渤海灣邊塘沽興辦「久大精鹽廠」，一九一七年建成「永利製鹽公司」，經過無數次失敗，終於在一九二六年六月二十九日成功了，中國的化學工業因而興起。抗日烽火中，范旭東將工廠搬到西南，於一九四五年十月四日因黃膽病與腦血管病變同時發作而逝世。范旭東一生為中國的化工事業鞠躬盡瘁，任職公司總經理三十餘年期間，出門不置汽車，家居不營大廈，一生全部精神，集中於事業，其艱苦卓絕、堅忍不拔的精神，贏得國人共仰。一九四七年十一月，范旭東的靈柩由重慶經南京、溯江北上至塘沽，再由塘沽轉火車於北京安葬，沿途深受「永利」及「久大」之恩的各廠及社會各界痛示哀思。

◆簡氏兄弟——煙草大王

在英美煙草公司的強大競爭和企圖吞併壓力之下，當時中國有一家煙草公司異軍突起。

這家煙草公司就是簡照南、簡玉階兄弟在一九〇五年創辦的「南洋煙草公司」。南洋煙草公司創辦時資本僅十萬元，幾經曲折，發展到一九一九年，增資到一千五百萬元。吸收的就業工人從最初的一百多人，增至一萬多人，盈利從最初的虧本，發展到一九二〇年最高峰時，年盈利達四百八十五萬元。他們還幾次成功地粉碎了英美煙草公司的吞併企圖，在英美煙草公司的壓力下發展茁壯，成為中國民族煙草業中首屈一指的大企業，簡氏兄弟也因此享有「煙草大王」的美稱。

◆周學熙——北洋實業開創者

周學熙，安徽建德（今屬東至縣）人，是清兩廣總督周馥第四子，生於清同治四年（一八六五年），卒於民國三十六年（一九四七年），享年八十三歲。作為中國近代著名企業家，他與另一位實業界鉅子，南通人張両並稱為近代民族工業的「南張北周」兩大家。加上周張二人排行恰巧相同，都在第四，故又有「南北兩四先生」之稱。

周學熙以商人的敏銳和膽識，學者的智慧和才幹，創建「啓新洋灰公司」、「灤州礦務公司」、「北京自來水公司」、「通州農業銀行」、「中國實業銀行」、「華新紡織公司」和「秦皇島耀華玻璃公司」等著名工商企業數十家，在北洋地區獨占鰲頭，為發展中國民族工商業

作出巨大貢獻。

◆張謇——堅定實業救國

張謇，祖籍江蘇通州（今南通），一八五三年出生於江蘇海門常樂鎮。其家世代務農，他歷經二十年努力，獲取狀元，但他卻棄官回鄉，興辦實業。他說：「在官不能救國，因此棄官，以實業救國家於危難。」一八九五年，他在家鄉南通興辦大生紗廠，第一年就獲利二、三十萬元，在紗廠辦成後，他從一九〇一年起又開辦「通海墾牧公司」，使其實業活動從工業向農業擴展，並試圖開闢以工扶農、工農結合的振興實業新途徑。中國近代的大型農業公司，可以說是從張謇的通海墾牧公司開始的。他在振興實業之後，還大力興辦學校，圖以教育興國，並投資興辦博物院、氣象台、圖書館及劇場等文化設施。

二〇年代後，外國資本大舉進入中國，投資設廠，民族工商業遭到排擠、打壓。張謇的企業以大生紗廠爲首，因產品銷路問題而陷入高負債，不久被銀行接管。他爲「實業救國」數十年，終於以這種結局而告終。一九二六年八月二十四日，這位中國近代史上著名的實業家，以七十四歲高齡而病逝。

◆余芝卿——中國橡膠工業鼻祖

中共建政前後，「雙錢」牌膠鞋、跑鞋、晴雨鞋風靡全國，特別是上海和江浙一帶的人，許多人是穿著「雙錢」牌長大的。「雙錢」牌產品係由上海大中華橡膠廠出品。它的創始人叫余芝卿。他是上海大中華橡膠廠的創始人，也是中國橡膠工業的創始人之一。

余芝卿，浙江鄞縣人，出生於一八七四年，一生歷經磨難終不悔，創辦大中華橡膠廠時，堅持走股份制的道路，股份制給大中華橡膠廠帶來了活力。抗日興起，上海淪陷，在日僞政權統治下掙扎；太平洋戰爭爆發後，日軍占領香港。此時的余芝卿避居香港，香港、上海相繼在日本鐵蹄下後，余芝卿遂將總管理處遷回上海。當時他已是一個六十八歲的老人，山河破碎，沉重打擊使他一病不起，一九四一年，一代橡膠大王余芝卿在上海去世。

◆張元濟——中國出版業奠基人

在中國近代出版企業中，歷史最悠久、規模和影響最大的應首推「商務印書館」。而商務印書館所以能久盛不衰，長期執出版業之牛耳，在很大程度上應歸功於出版業奠基人——著名出版家商務印書館的靈魂人物張元濟。張出生於一八六七年，浙江嘉興府海鹽縣人。他作爲中國近代出版業的奠基人，爲發揚中華民族文化作出卓越的貢獻。今天，當人們瞻望商務的輝煌歷史，又不得不倍加敬仰張元濟在歷經坎坷中所表現的大智大睿。

共黨建政後，張元濟受到毛澤東的接見。他以忘我的精神規劃商務的業務，積極參加社會活動，不幸操勞過度，偏癱不起，一九五九年八月十四日晚上七點，與世長辭，享年九十三歲。

◆吳蘊初——天字號集團首腦

一九二二年早春的一天，中國人試製出第一批味精，幾個月後，中國第一家味精生產廠——天廚味精廠誕生了，第一批「佛手」牌味精隨之悄然降世。在此基礎上，以後十幾年中，「天原電化廠」、「天盛陶器廠」、「天利氮氣廠」等天字號企業應運而生，從而組成天字號企業集團。

一九五〇年十月的一天，周恩來在中南海接見了這位國產味精的發明人和天字號企業創辦人，親切地稱他爲「味精大王」。他就是中國民族化學工業的創始人之一，與北方的范旭東一起，被人們稱爲「北范南吳」的吳蘊初。正當他準備爲化工業多做貢獻時，一九五三年十月十五日，不幸因心臟病發作而猝然去世，享年六十二歲。

◆古耕虞——「豬鬃大王」

一九三〇、四〇年代，中國豬鬃業中出現了一位奇人——古耕虞。在那些年代，古耕虞的「虎牌」豬鬃在中國市場上占據了壟斷地位。抗日戰爭結束前，古耕虞的「古青記商號」出產經營的豬鬃占四川及西南各省總量的百分之七十以上。抗戰結束後，他趁機向全國拓展，在全國主要產鬃區設立辦事處。他領導的「四川畜產品進口公司」經營的豬鬃產量占全國百分之五十到八十，執國內市場之牛耳。

從二〇年代中後期，古耕虞就力圖擺脫洋商控制，實行豬鬃直接出口。抗戰期間，由於國民政府實行「統制」政策，古耕虞不能直接對外出口豬鬃，但他仍是最大豬鬃供應商。抗日戰爭後的一九四六到四八年，他的公司發展進入黃金時期，成為國際市場上最大的供應商。古耕虞的「虎」牌鬃在美國市場上的占有量達百分之七十，成為享譽全球的「豬鬃大王」。

◆方液仙——日用品化工業的開拓者

一八九三年，在上海一個弄堂寓所裡，方液仙在那兒出生。祖輩是鎮海望族，世代經商。一九二〇年時，方液仙實行多種產品開發，壯大企業實力。一九二三年，生產出中國最早的國產牙膏——三星牌牙膏，以其品質佳、價格便宜而廣受歡迎。同年購併「天一味精廠」，擴大調味品的生產規模，並與天廚廠的「味精」一起把日本的「味之素」逐漸擠出了中國市場。蚊香、牙膏、調味品、肥皂四大產品系列，奠定了「中國化學工業社」和方液仙在中國日用化學工業中的鼻祖地位。

同時，他還建立了「電話會議」制度，完善了企業管理，更設立「郵售部」專門負責外地的郵購業務。他還首創「九九商場」，即顧客只要花九角九分錢，就可以選購一組商品。一九四〇年七月二十五日他遭日本特務狙擊，死於魔窟，英年早逝，得年四十七歲。

◆劉鴻生——中國第二號資本家

劉鴻生是中國近現代知名的民族資本家。他一生以實業救國爲理想，致力於發展民族工業，先後創辦過「中華碼頭公司」、「鴻生火柴廠」、「上海水泥公司」、「章華毛紡廠」等著名企業，享有「煤炭大王」、「火柴大王」、「水泥大王」等多項頭銜。到一九五六年，大陸實施公私合營時止，劉鴻生的企業已發展成擁有二千多萬元資產的巨型企業集團，成爲當時僅次於榮氏家族的中國第二號民族資本家。

一八八八年，劉鴻生出生於上海，祖籍是浙江舟山群島的定海縣。早年不當牧師當買辦，推銷煤炭成了百萬富翁，積蓄一些資本後，便轉戰商場自己幹。一九五四年，他的企業之一「章華廠」，成爲上海私營毛紡織工業中第一家、也是最大一家被併入公私合營者。一九五六年十月一日在上海因病去世，享年六十八歲。

改革開放後的企業與企業家

大陸於一九七九年鑑於國內外情勢的轉變，感到非改革經濟的決心，不足以救危亡。經過「文革十年」的浩劫，人心思變，在巨大壓力下，大陸中央高層實施大膽前進的改革開放。大陸從一九四九年共黨建政後，陸續將民營企業收歸國有，因此在改革開放前，根本不允許私營企業存在，更談不上有什麼企業家。私營企業直到大陸將它列入憲法予以保障之後，才如雨後春筍般一個接一個冒出來。中共建政前的私營企業及企業家已如前所述，改革開放至今，企業的成長只有短短二十年，比起美國有二百年歷史的公司「杜邦」，眞是幼稚園對博士班。大陸的企業歷史短，而且有些大企業是國有民營或國營轉民營，在艱辛的轉型中，難免要付出過渡的代價。大陸的企業需再加把勁，大陸現代的企業家無異是這些主要企業的「領頭羊」。

一、「中信泰富」榮智健——眼光銳利、頭腦清晰

屹立在中國神州，歷經百年風雨而不衰，更將觸角延展到香港、澳洲、東南亞及美國的「中信泰富集團」，其前身便是中國榮氏兄弟（榮敬宗、榮德生）所創建的「申新」家業，經榮毅仁創辦「中國國際信託投資公司」，到榮智健的香港「中信泰富集團」，歷經三代，更加發揚光大。這是歷經清朝、民國、偽日政權、中華人民共和國等朝代，歷史最悠久，事業體最龐大的超級巨艦。

榮智健，江蘇無錫人，一九四二年出生於上海，一九六三年畢業於天津大學電機工程。父親榮毅仁是前任中國國家副主席，祖父榮德生是中國近代第一號資本家。一九七八年，榮智健隻身前往香港定居，時年三十六歲。他利用榮氏家族在香港產業的股息，與榮智鑫、榮智謙兩個堂兄合開一家「愛卡電子公司」，後該公司被美國一家公司購併，榮智健獲利七百萬美元，比他當時投入的資本高出五十倍。一九八二年，他與朋友在美國合開一家從事電腦設

計的電腦軟體設計公司，一九八四年在美國股票上市，之後將自有持股抛售得利四千八百萬美元，相當於當時台幣十九億元，投資報酬率高達二十四倍。其投資眼光之銳利與見好就收的經營方法，迥異於一般生意人。

一九八六年，榮智健投入香港中信集團陣營，任副總經理；一九九〇年在收購與反收購的鬥爭中取得勝利，收購香港泰富發展百分之四十九股權和港龍航空百分之三十八．三股權。同年，他更集資一百億港幣，收購香港電訊百分之二十股權。世界級跨國公司流行的購併風潮，榮智健在香港把它盡情地發揮，從一九九一年到一九九七年間，他更大肆收購恆昌企業、西區海底隧道、國泰航空、澳門電訊等部分股權。

經過企業購併、股票收購，香港中信泰富集團其資產已達一千五百億港元。榮智健被稱為「中國太子黨」、「紅色資本家」、「藍籌股之父」。美國財經雜誌《財星》（*FORTUNE*）於一九九七年一月號更將他作為封面人物，一九九七年六月號的《時代周刊》更把他列名「最具影響力的二十五個香港人」之中的第一位。榮智健憑著銳利的眼光、清晰的頭腦、先人的庇蔭，在弔詭的局勢中，逆流而上，終能闖出屬於自己的天下。

二、柳傳志——「人類失去聯想，世界將會怎樣？」

「人類失去聯想，世界將會怎樣？」一句語帶雙關又氣魄驚人的廣告詞，在一夜之間劃破天際，傳遍整個大陸。「聯想集團」作爲大陸電腦業的龍頭，正勢如破竹地朝全世界五百強邁進。「聯想集團」創建於一九八四年十一月，從「中國科學院計算機研究所」分離出來。當時只有二十萬資金，十一名科技人員，十餘年後，已發展成爲擁有員工五千多人，海內外設有二十四個分公司，擁有自己的研發中心、軟體開發中心、測試基地、生產基地、培訓中心和三十六個維修服務網，形成集技、工、貿、服務爲一體的跨國公司。一九九五年營業額達人民幣六十七億元（台幣以匯率一比三．六算約爲二百四十一億台幣），名列大陸電子百強第二名、大陸最大五百家企業第五十六名及大陸最大電腦公司。一九九六年中外品牌電腦在大陸市場所占的比例，第一位是 IBM，占百分之六．九二；第二位是聯想，占百分之六．八七；台灣的宏碁占百分之一．九，排行第八。一九九七年，聯想營業額達到人民幣一百二十億元，占大陸市場百分之十．九的比例。外銷世界各國的 PC 主機板達三百萬片，位居世界第五。據聯想副總裁楊元慶說：「一九九七年聯想伺服器產品已進入亞太十強，筆記型電腦

已進入國際五強，在亞太市場中進入六強。在中國（大陸）消費者最喜愛的台式電腦評比中，聯想第一，在消費者最喜愛的家用電腦評比中也是聯想第一。」聯想、海爾、寶鋼、北大方正、華北製藥、四川長虹和江南造船等六家企業是大陸重點支持的六大集團，預計在二〇一〇年要進入世界五百強之林。一九九九年六月十一日出刊的《亞洲周刊》評選出二十名亞洲「新世紀財經領袖」中，大陸聯想電腦集團副總裁楊元慶是入選者之一，台灣唯一入選的是中國信託商銀新任總經理辜仲諒。

領導聯想集團邁向集團化、國際化的正是其靈魂人物——總裁柳傳志。面對一個個來勢洶洶的跨國企業，聯想憑什麼來競爭？柳傳志說：「尋找優勢，揚長避短，實現優劣互補。」本土優勢是大陸企業最大的優勢。不論外國企業具有怎樣的雄厚實力，但在大陸都有一個難以化解的劣勢：他們都是越境作戰，容易產生水土不服。聯想集團是一個發展時間短、創業資本少的高科技企業，因此想要在短時間竄起，就必須發展「你中有我，我中有你」與「融匯性競爭」的經營策略。

聯想集團創業初期採取的是「平底快船模式」的策略：產品少、資金少、人員少、營業額小，在管理上突出的表現是組織結構精簡。到發展中期的策略是「大船規模管理」，此時公司資本累積上千萬，人員增加，產品增加，營業額規模上億元，主要任務是進軍海外市場擴大企業發展空間，建立全國市場網路，奠定經濟規模的基礎。同時推出自有品牌電腦及PC主機板占領國內外市場。「艦隊結構模式」是第三管理階段，也是現在運行的策略。此時，公司已有企業資本逾數十億元，海內外互補性經營格局已然形成，人才與市場競爭完全白熱化。此時主要任務是全面參與國際性競爭確保自身的市場地位，建立和發展新的管理體制，爲企業營運長盛不衰創造條件。「艦隊結構管理模式」在管理上的突出點，在於不僅發展和強調大船結構的整體大作戰和多利益要求，同時加入「以人爲本」的個性尊重，從而成爲艦隊結構管理模式所建立的出發點。

三、熱比亞——從洗衣婆到中國女強人

一九九九年八月《亞洲華爾街日報》引述人權團體的報告指出，在中國新近鎮壓支持新疆獨立人士的行動中，大陸最知名的商界女強人——新疆維吾爾族的熱比亞，已於日前遭到逮捕。這一消息震驚大陸海內外，政商界人士無不議論紛紛，也給商人在大陸政治環境中的處境得到警訊。

熱比亞．卡德爾，新疆維吾爾族人，現年六十二歲，一九四一年生於新疆阿爾泰鎮，小

學學歷，爲新疆阿克達工貿有限公司董事長。她由一個被人遺棄的洗衣婆，熬盡千辛萬苦，終於成爲一個身價超過一千五百萬美元的中國女大亨，遭遇有如日本阿信的中國版。

熱比亞幼年時家境貧寒，只讀了六年書就輟學。十四歲嫁人，在當時的共產黨統治下，不准私人經商，她因做小生意而被當局遊街批鬥，遭丈夫遺棄。一九七一年，離開家鄉四處流浪，在阿克蘇城郊租下一間小屋，靠爲人洗衣謀生。後來以賺得的三千元人民幣，赴南疆的最大城市喀什，買賣油料，從此走上經商之路。

一九八一年，她在烏魯木齊二道橋租攤位，經營小商品，到一九八七年累積了三十萬資金，轉做與蘇俄的邊境貿易，並與中亞、土耳其從事貿易，主要有鋼材、生活日用品等，掘得所謂「第一桶金」。一九八七年，在烏魯木齊創辦「三八商場」，後在此基礎上建立「熱比亞大廈」和她的商業王國「阿克達工貿有限公司」，經營與俄羅斯和哈薩克斯坦、吉爾吉斯等中亞地區的貿易。在吉爾吉斯的阿拉木圖及烏茲別克開設兩家商店和一家皮革廠，並投資五千萬元人民幣，開發新疆的旅遊區。

直到一九九九年八月被捕前，在新疆和俄羅斯國協共有十多家合作、合資企業，並與台灣高興租賃有限公司，合資成立新疆高興工貿公司，在烏魯木齊經濟開發區發展房地產事業。

據《亞洲觀察》及「國際特赦組織」發表的報告指出，熱比亞在新疆首府烏魯木齊遭到逮捕，當時熱比亞正企圖把一份手寫的中共公安騷擾報告交給來自美國國會的研究人員。熱比亞的兩個兒子及秘書同時被捕，另有兩個兒子遭到軟禁，其中一個兒子稍晚獲釋。中國新疆自治區黨委書記王樂泉說：「熱比亞的生意已經結束。」中國新疆派駐北京的官員說：「你不能再和她做生意了，她的企業已經不存在了。」王樂泉曾於一九九八年指控熱比亞支持「分裂祖國的活動」。

熱比亞從七〇年代開始從事製作、出售兒童服裝的生意，並因此致富。隨著經商致富，各種光環逐漸圍繞著熱比亞，她曾於一九九四年當選中國全國政協委員，當年出席第八屆全國政協二次會議，是會中唯一的少數民族女富豪。她也曾代表中國大陸參加第四屆聯合國世界婦女大會，並多次獲得國際媒體的大幅報導。但在她開始熱中政治活動後，一九九八年喪失政協委員的資格，情況開始改變。她的丈夫魯茲於一九九七年移民美國，擔任「美國之音」、「自由亞洲電台」的主持人，成為大陸對新疆政策的嚴厲批評者。

四、張瑞敏——「海爾，眞誠到永遠」

十幾年前，海爾還只是「孩兒」，是山東青島市一家集體小廠，工廠裡可隨地大小便，臭氣薰天，帳面虧損四十七萬元，員工拿不到薪水的小公司。十三年後，海爾成爲中國大陸家電第一品牌，一九九七年，集團營業額達到一百億人民幣，資產達四十億人民幣。其經營的產品從冰箱、洗衣機、空調、冰櫃到各種小家電，領域十分廣泛。海爾已在一〇二個國家和地區註冊了四百零六個商標，產品大量出口海外，在全球五大洲建立八千多個營銷點，一萬多家外國經銷商爲其開拓市場；「海爾」的品牌商標價值達幾十億元人民幣，成爲國家決定扶植進入世界企業五百強的六大企業之一。

在中國大陸提起「海爾」，人盡皆知，家喻戶曉。而知道海爾總裁張瑞敏的人相對要少些，他不僅帶頭培植大名牌「海爾」，而且將海爾的管理提升爲一種經營哲學。張瑞敏被中國經濟學家譽爲「中國職業化企業家的典範」。他的經營哲學來自於對市場現狀認眞地調查研究、總結與提高。張瑞敏有一個形象化的理論：「企業在市場經濟中的位置就如同是斜坡上的一個球體，要想鞏固自己所處的位置不下滑，首先需要有充分的止動力。而所謂『止動力』

就源自於管理，充分的止動力則必須要求有充分到位的管理。」這個「止動力」思想，形成海爾的 OEC 管理模式，也就是全方位地對每天、每人、每事進行清理的制度，又稱「日日清」制度。他認爲：止動力最多不過是使企業在市場的斜坡上維持原來的高度，而唯有打破平衡狀態，創造新動力，才能帶動企業上新台階，於是他提出在「日日清」的基礎上，又添上了「日日高」的管理內容。所謂「日日高」的內容，就是在市場競爭中與其讓別人打倒你的產品，不如自己先打倒自己，不斷地否定自己的過去，才能在市場上立足不敗。

海爾不怕外資的衝擊，因爲她早就有危機感。市場競爭「猶如與狼共舞，與狼競爭，結果要嘛戰勝對手，要嘛被對手吃掉」。海爾的市場戰略是三個三，即三分之一出口海外，三分之一國內銷售，三分之一海外設廠。三個三的戰略使海爾高瞻遠矚，步步領先。

一九九三年，日本三菱與海爾的合資生產空調機，在大陸市場上採用「海爾」品牌，爲品牌商標打下一場勝戰。在合資洽談中，雙方各堅持用自己的品牌行銷市場，最終談判結果是：「凡出口產品都打『三菱』商標，銷售數歸三菱公司；凡在中國市場銷售的產品都打『海爾』商標，銷售數在中方。」同一條生產線上的產品，卻分別打上不同的兩種商標，同樣品質，卻有差異極大的價差，造成合資企業的奇特現象。張瑞敏在整體經濟不景氣的同年，投資十幾億打造中國最大的海爾工業園，成爲大陸面積最大的家電生產基地。一九九七年

底，美國哈佛大學向張瑞敏發出邀請，希望能派人來研究其「成功的經驗」，並準備將他作爲一個成功案例寫進哈佛商學院的教材。一九九八年四月，他更被邀請去哈佛大學授課，面授機宜，講述海爾融貫美國、日本和中國大陸的管理模式，並將其結合，產生自己獨特的「海爾管理模式」。

五、趙章光——毛髮再生，風靡全球

「101 毛髮再生液」是大陸家喻戶曉的治禿頭產品，在台灣知名度也很高，是禿頭者的福音。生產於河南鄭州的「101 毛髮再生液」，能使禿頭重生烏髮的神奇功能，使發明者趙章光成爲中外知名人士。趙章光研究「101 毛髮再生液」歷經六年、百次失敗後才成功，眞可謂「有志者事竟成」。

一九四三年生於浙江溫州的趙章光，父親是一位民間草醫，文革時自願擔任「赤腳醫生」，爲鄉親治病療傷，懸壺濟世的美名不徑而走，趙章光深受其父耳濡目染的影響，於一九七八年開始研究「101 毛髮再生液」，歷經六年艱苦研製，終於在一九八四年研發成功，成爲目前世界上對早年禿頭和頭髮脫落最有療效的漢藥。

有人問趙章光：「爲什麼叫『101』？」他說：「在研發的過程中經歷一百次的失敗，而在第一百零一次時成功。」「101 毛髮再生液」研發出來後，如何取得國家許可？如何打入市場？對趙章光是一種考驗。爲了使人相信他的發明，他找了一家職員中有禿髮患者的省級報社，打出保證：「不出三個月治好禿頭。」報社人員將信將疑，姑且試之。一個月後，報社的這位脫髮已有六年歷史、禿頂面積達到一半的禿髮者眞的長出新髮。「實踐是檢驗眞理的唯一標準」，全報社都訝異於它能治好禿頭，於是這家報社發出報導「101」的神奇，並同時特邀門診，經過大陸最大媒體「新華社」再披露，從此「101」和趙章光的名字傳遍中國大陸和世界各地。

趙章光深知，沒有經過正式鑑定的藥品要走向市場是拿不到通行證的。他認眞準備鑑定所需的一切資料，籌集巨額的鑑定費，並得到鄭州市管城區科委的支持，在上海、北京、西安、湖南、廣州等地召開醫學界十七位皮膚病專家和藥學專家參加的鑑定會，完成了對「101 毛髮再生液」的省級技術鑑定。一九七四年，他在河南鄭州設立第一個「101」製造廠，一九八七年，在北京創立第二家製造廠，在中國大陸及海外引起迴響和形成搶購熱潮。

趙章光一方面通過省級和國家級報刊向海內外廣作宣傳，另一方面又爭取到河南省科委將「101 毛髮再生液」作爲一項重大科技成果上報國家科委。一九八八年，「101 毛髮再生液」

獲得瑞士日內瓦國際發明與新技術展覽會上最高榮譽——奧斯卡獎，並獲比利時國王頒發「一等騎士勛章」，計前後共得十多個獎項。

一九九三年，趙章光在北京成立「101 章光集團」，自任集團總裁，負責指揮該產品行銷日本、台灣、歐美等地五十餘國。趙章光努力拚搏，行有餘力，也樂善好施，慷慨解囊，他爲中國愛滋病基金會捐款一百萬元人民幣，爲家鄉捐資興學八十萬人民幣，總計他以各種名目捐出的款項在一千萬人民幣以上。

趙章光說：「世上沒有任何藥可以包治百病，因每個人的體質不同而異，但可以肯定的是『101』對於治療頭髮脫落，尤其是早期的禿頂，是確實有效的。」

六、李曉華——見好就收，捐款不落人後

大陸第一位擁有私人轎車、第一位擁有賓士 280 及 600、第一位購買法拉利跑車的李曉華，是一位頗爲傳奇性的人物。當他的賓士 600 在北京馬路滿街跑時，中國最高領導人鄧小平及前總理李鵬尚未坐過賓士 600。在他成爲巨富時，有人說他是高幹子弟，先人留下大量遺產，供其揮霍；有人說他是祖先在海外置產留大筆遺產給他。然而，應該說他是一個善於

觀看風向球，隨時調整方向的人。

李曉華，一九五一年生於北京一個貧困的工人家庭。一九六九年被下放到黑龍江北大荒的一個農場。在農場苦熬八年後，於一九七八年回到北京仍找不到穩定的工作，只好做雜工以維持生計。後因做生意，買賣電子錶而被判三年「勞動教養」。

八〇年代初，李曉華第一次到廣州尋求商機，以三千五百元購入美國進口噴泉式冷凍果汁機，在北京和北戴河設立冷飲攤，販賣兩角一杯的美國冷飲，一個夏天他淨賺幾十萬元，後來競爭者衆，他經營一年後，馬上見好就收。一九八五年，前往日本留學和探索商業機會，將日本的家電產品銷往大陸，大賣特賣。一個十分偶然的機會，他從報上看到一條並不起眼的、有關中國趙章光發明「101 毛髮再生液」的報導，他敏銳地感到稍縱即逝的機遇來臨了，立刻束裝回到中國。

回國後，當他知道「101」產品訂單需排到明年時，他靈機一動對工廠負責人說：「我剛從日本回來，聽說趙先生的發明爲人類創造一個奇蹟，因此心裡非常佩服，特地來向你們表示敬意，如果你們有任何困難和需要，請不要客氣。」他從負責人口中得知「101」工廠職工上下班，及老闆公務活動缺少交通工具時，他當場答應捐贈一輛客車和一輛小轎車，總值在一百萬元人民幣以上。由於李曉華在商場上運用了「鮮花要插在前面，不要插在後頭」的致勝秘訣，取得「101毛髮再生液」在日本的代理權，而且每瓶僅十美元，是最優惠的價格。「101毛髮再生液」正當在日本「紅得發紫」、供不應求時，他毅然以每瓶低於市價二十美元的價格將貨品全部出清，他由於搶灘快，能放能收，賺取一筆可觀利潤。

八〇年代後期，他又以一次驚人的賭注，下完這盤棋。他以全部家當、房產抵押，籌借三千萬美元，競投馬來西亞高速公路的營建權。可是他的貸款期限只有半年，如果半年內這條公路出不了手，那他不就「掛」了嗎？到了五個月又十六天，因公路附近發現油田，價格暴漲，他儘快把股權出售，獲利達一倍以上。

九〇年代初期，他在香港創立「華達投資集團」，經營進出口、地產、倉儲、食品、電器、玩具等。在北京、天津、山東、大連、瀋陽等地設有三十多家企業。至一九九九年止，其個人財富超過三十億元人民幣。李曉華白手起家到億萬富豪，他成功的座右銘是「機遇人人會有，不能人人把握」。把握時機，果斷決策，則是一個成功的企業家應有的素質。事業有成的他，也捐款不落人後。一九九二年，北京亞運期間，李曉華是首位向亞運會捐款一百萬人民幣的私人企業老闆。他更向中國希望工程及學校、教育基金先後投資達四千萬元人民幣。

七、張果喜——抓住佛龕，精於工藝

張果喜所領軍的「江西果喜實業集團」，已成爲一家包括金融、航運、資源開發、勞務輸出等領域，共有二十多家公司，以生產出口木雕工藝品爲龍頭，集木雕、油漆、木工、銅雕爲一體的，目前世界規模最大的木雕聯合生產基地。主要產品有傳統工藝木雕、高級木雕漆器、銅雕工藝製品、高級中外傢俱和室內木雕裝修等五大系列近二千個品種。除在上海、深圳、海南和浙江等地設立多家分公司外，銷售網遍布世界幾十個國家和地區，並在日本、加拿大、美國、德國、韓國、香港及台灣等地區設立分公司或經銷處。

日本人把張果喜的集團叫做「天下木雕第一家」；美國人稱她爲「在稻田裡聳立的帝國」。一九九三年六月五日，南京紫金山天文台提名，經國際天文學聯合會小行星命名委員會批准，由中國科學院紫金山天文台發現的、國際編號 3028 的小行星，被正式命名爲「張果喜星」，以表彰他對木雕研究和民營經濟的突出貢獻。在當今大陸企業家中，他是獲得此殊榮的第一人。三年後的三月一日，中國現代企業家之一的李曉華也同樣被批准，以編號 3556 的一顆小行星，正式以「李曉華」的名字命名，成爲第二位獲得命名的中國企業家。

一九五三年出生於江西余江的張果喜，家境清寒，少年生活坎坷，十五歲離鄉背井出外謀生，苦學木匠工藝，以一把鋸子和刨刀闖天下。最早使他起家的是木工藝品，七〇年代初，自辦木器工廠，生產雕花木箱、佛龕、紅木傢俱等。他初期創辦工廠，爲接訂單跑到上海工藝品公司，經過反覆說服及保證，才拿到二十套箱子合同。跨出獨立生存的第一步。後來打開日本市場，訂單源源而來，八〇年代在日本設立分公司專營自產的佛龕、雕花木箱及各類木製品。九〇年代初，他在老家江西余江創辦「果喜集團」和占地二千八百平方米的生產工廠，擁有六條現代化的生產線，產品行銷世界各國。張果喜在木雕工藝的基礎上，於一九九〇年以後又投資金融、地產等多元化的經營體系。

張果喜自我期許很高，他希望將來能當世界級跨國公司的大老闆。他說：「人生爲一大事而來，做一大事而去，我的大事就是果喜實業集團，果喜集團的眞正發展不在過去和現在，而在未來。如果把我看成是中國的艾科卡，我會很高興。也許有一天，人們會稱艾科卡是美國的張果喜！」張果喜小時沒讀過多少書，閒暇之餘，不忘讀書，他愛讀經濟、歷史類書籍，喜歡鑽研《孫子兵法》及傳記。有一次，他向到他工廠參觀的數十個國家外交大使，透露他最敬佩美國克萊斯勒汽車的老闆艾科卡。後來，艾科卡透過美國駐中國大使館贈他一冊艾科卡自傳《反敗爲勝》英文版給他，並題字稱希望讀到張果喜的自傳。

張果喜管理企業，自有一套經營方法。他制定一套規則以一百分為考核的基數，按月對企業的所有員工和幹部進行嚴格考核，論功行賞、獎罰分明，稱之為「崗位責任制」。他「超前一步不吃虧」的哲理，萬事走在別人前面總不會吃大虧的方式，讓他制敵機先，總比別人先一步奪標。

八、求伯君——攀登軟體金山顛峰

如今的中國大陸，正經歷著一次眞正的「第二次浪潮」的衝擊——電腦革命。讓電腦走進中國百姓生活的關鍵是漢卡軟體的開發，從較早的 WS 軟體到現在更為時髦的 WORD，這其中眞正為大陸人所熟悉的名字還是 WPS，而 WPS 的開發者，是今年才三十八歲的珠海金山電腦總經理求伯君。這位影響大陸電腦軟體的大師，行事非常低調，不像企業家，倒像科學家。美國微軟公司總裁比爾．蓋茲到中國來，要求與他見面，他說：「也只是見見面而已，不值得大加宣揚。」

一九六四年出生於浙江紹興新昌縣的求伯君，世代務農，一九八四年自中國國防科技大學畢業。他就讀於國防科大時，常從北京趕到長沙給該校專業學生授課。一九八六年，他因一個偶然的機會自費去深圳。深圳之行，給求伯君很大刺激，打開了南風窗口，使他看到南方的天地原來如此寬闊，埋下他日後在南方發展的種子。一九八八年，前往北京四通公司就職。四通（Stone）公司是中國民辦高科技企業的旗手，對有抱負、有才能的青年知識份子是吸引力異常強大的磁場，但「廟宇雖大，竟容不下這個小和尚」，求伯君最終離開四通的最重要、最直接原因，竟是爲了 WPS。離開四通後，這時最關注求伯君的是香港金山電腦公司總裁張旋龍。金山公司提供求伯君一間位於深圳蔡屋圍大酒店 501 房，和一台 PC-386 電腦，讓他從事軟體開發。

一九八九年上半年，求伯君的 WPS 1.0 開發完成，隨同完成的還有西山 DOS 4.03。WPS 1.0 以軟體版形式毫不張揚地在小範圍內散發、試用，而且，WPS 沒有經過任何機構的評審、鑑定。然而自一九八九年問世以來，它卻不脛而走，在大陸得到空前普及，說不清有多少人正在使用 WPS，隨便走進一家電腦書店，書架上陳列的盡是有關 WPS 的書籍。一九九四年，上海舉辦大陸電腦史上規模空前的電腦考試，應試者有五萬人之衆。這次考試的三項內容中，WPS 赫然在列，是目前在大陸唯一能與英文 DOS 等量齊觀的中文軟體。WPS 很踏實地主導大陸九〇年代的文字處理潮流。

面對 WPS 這種無處不在的普及潮流，大陸電腦界進入一種很微妙的境地。一向自賣自誇，各不相讓的漢卡生產廠商，卻一齊伸臂與 WPS 握手，設法使自己的系統與 WPS 相容。連雄心萬丈，想一腳就踢開大陸文字處理市場大門的世界軟體業霸主 Microsoft 公司對 WPS 也不得不格外重視。微軟公司在漢化 MS-DOS 6.0 時，再三派員與 WPS 所有權擁有者磋商，希望解決與 WPS 的相容問題。他們繞不開 WPS，因爲 WPS 事實上已成爲大陸文字處理行業的標準。求伯君很自豪地說：「我們把美國微軟公司列爲中國市場的第一號競爭對手，他們也是把我們列爲第一號競爭對手，但我們既合作又競爭。一台電腦再好，如果沒有軟體的支持，等於沒用。」

對於大陸電腦軟體盜版的猖獗，求伯君說：「我仍然沒有消失當年開發 DOS 時的熱情，因爲我不是把它當作一種生存手段，而是作爲一種創作欲望。」

九、郝振堃——帶領嘉陵摩托車走中國

一九九五年七月一日至八月二十四日，李躍進等四名成都青年，駕駛嘉陵摩托車實現了征服世界屋脊的夢想。這次遠征活動，從重慶出發到成都，由川藏公路到拉薩，再由青藏公路到北京，最後經川峽公路回到出發點重慶，行程一萬一千一百五十公里，等於台灣頭騎到

台灣尾二十八趟，創下世界紀錄。這次穿越世界屋脊的勝利壯舉，對嘉陵是最好的考驗，她向世界展示了嘉陵車的風采，更展示嘉陵人積極進取的精神。一個月以後，即八月二十二日，在第五十屆世界統計大會上，嘉陵被戴上「中國摩托車之王」的桂冠。

嘉陵集團從一九七九年研發生產「嘉陵」摩托車，十五年來，累積產銷摩托車各種排氣量三十多個車型，共四百五十多萬輛，一九九五年產量超過一百一十萬輛，年營業額四十三億元人民幣，並出口到五十多個國家和地區。二十年來，帶領嘉陵艱苦奮鬥的正是這位會計出身，精於財務的郝振堃。今年六十三歲的郝振堃因經營有方，在一九九五年獲「中國經營管理大師」的稱號，被外界稱爲「中國摩托車大王」。嘉陵從一個名不見經傳的軍工企業發展成爲以中國嘉陵集團爲核心，集科、工、貿、服務多元經營於一體，擁有十三家子公司、十三家聯合企業和三百多家協力廠商的國家級大型企業集團，獲得中國優秀企業等多項殊榮。一九九四年，嘉陵集團的經濟效益和經濟實力居大陸五百大企業的第八十位。

但是市場的激烈競爭猶如當年的日本跟台灣。日本在六〇年代的摩托車工廠有幾十家，後來發展到只剩下四大家；台灣在七〇年代也是這樣，現在已只剩下四、五家。西元二〇〇〇年大陸摩托車的年產量是二千萬台，相當於現在的五個日本產量，而嘉陵預計占有市場的十分之一。如今摩托車大戰已悄然開打，大陸目前有一百六十多家工廠，再過幾年會有百分之八十的工廠會倒閉，大陸的市場已經飽和了，摩托車賺錢的機會已成過去，可能那時候就只剩下十來家。面對如此激烈的競爭，嘉陵已擬妥應戰策略。郝振堃強調：「出廠的產品要百分之百的合格，用戶要百分之百的滿意；百分之一的不合格產品到用戶手中就變成百分之百的不合格商品。」希望用十分苛求的品質保證，來贏得顧客的心，來保持市場的占有率。

嘉陵集團爲實現規範化、現代化管理，在企業管理中全面推行「定置管理」，創造現場管理「一劃四定法」，使投料、在製品、半成品和成品的物流、存放、加工等井井有條，實現安全、整潔、文明、高效的生產。從節約能源、降低消耗出發，在開展精益管理的基礎上，實行「零庫存、零缺陷、零浪費」的三零值管理，大大降低成本費用，加快資金流通。

近年來，嘉陵更借鏡日本管理方法，推出「一個流」的生產方式，即要求生產產品在生產過程中不停頓流動，現場解決問題連續作業，從原材料的投入到成車裝配、包裝、發運等步驟實現一條龍生產。郝振堃說：「十減一等於零，十是你好不容易建立起來的威信，一是一件你明知故犯的腐敗事。如果你認爲十減一等於九，自己再定個六分即可及格的低標準，那你註定要自己毀了自己。」這種暮鼓晨鐘的警語，值得吾人深思！

十、陳偉榮——「牡康模式」引領購併風潮

大陸現在有十分之一的家庭在看「康佳」彩電，機場候機室的電視是康佳提供的，高速公路旁大型看板上有康佳的廣告。據一九九六年北京名牌資產評估事務所評定康佳品牌價值為四十二．三八億元人民幣。康佳彩電獲得產品免稅進入國際市場，一等品率達百分之一百，列入大陸三百家重點企業、「十佳上市公司」。一九九六年全國電子工業百強第四位，全大陸出口量第一、銷售量第二，連續五年被評為消費者滿意產品，一九九七年四月榮獲「中國馳名商標」。

從一九九三年開始，大陸企業購併與重組已經成為一時的潮流。而康佳躬逢其盛，將觸角延伸到東北，將牡丹江電視廠購併，當時康佳生產規模逾百萬台，股票上市，居大陸工業百強第三十二位，兩家一拍即合，合成康佳控股百分之六十的牡丹江康佳實業有限公司。兼併後，牡丹江廠一九九五年生產電視六十萬台，一九九六年增加到一百萬台。一九九五年，領導康佳的總經理陳偉榮再度揮師西進，與陝西如意電氣總公司合資，組建陝西康佳電子有限公司，康佳仍持股百分之六十。購併後，一九九五年該廠生產電視四十萬台，一九九六年

達到一百萬台。一九九七年五月陳偉榮再度揮軍東征安徽徐州，兼併曾有過年產五十萬台輝煌記錄的揚子電氣製造廠。一九九六年四月又在廣東東莞獨資興建康佳電子城。至此，康佳東北—西北—華南三足鼎立、南北呼應的生產經營格局形成。聰明的陳偉榮，很明智地暫時放棄西南的陣地，因爲那裡目前是西南王「四川長虹」的天下，誰也別想插手。一九九五年大陸彩電生產量超過二千萬台，其中出口四百萬台，約占百分之二十，長虹與康佳都突破一百五十萬台大關。長虹預計要有四百萬台的經濟規模，康佳也要有三百萬台的量。大陸彩電市場的兩大巨頭長虹與康佳，猶如目前台灣半導體業的台積電與聯電。

四年間，康佳僅用七千六百萬人民幣控股十億資產，猛增三百萬台生產能力，這種購併成功的方式，大陸人叫做「牡康模式」。而領導此模式的急先鋒正是康佳的老總陳偉榮。一九五九年出生於廣東的陳偉榮，畢業於華南工學院無線電系，被分派到深圳參加康佳集團的組建工作。一九九五年，康佳完成三十五億人民幣的目標營業額，在大陸電子行業中名列第八，彩電行業中名列第二。

中國大陸是一個巨大的彩電市場，擁有十二億人口，四億家庭。經過二十年的改革開放，彩電業從早期引進進口到現在國產化和自主開發，已經形成生產過剩現象，大陸本土的彩電廠已超過一百五十家，加上進口的數量，每年有一千五百萬台的彩電市場要由這些廠家來分食，競爭之激烈可想而知。而進口彩電在大陸市場又占有一定比例，如廣州，無論銷售量或銷售額，前五名全部是進口彩電；上海市場前五名中進口品牌占四位；北京市場前五位中進口品牌占三位。再者是中國的合資企業競爭，如新力與上海合資，飛利浦與蘇州電視機廠合資，松下與山東電視機廠合資，三星與天津合資，台灣聲寶與蘇州合資……等。目前一條彩電生產線可生產二十五萬台，一個廠一般都有四、五條線，日本在全球占了主要數量才四個廠，大陸彩電行業資產重組和結構調整是未來的必然趨勢！

陳偉榮信誓旦旦地說：「誰升起，誰就是太陽。」

十一、其他著名企業與企業家

一九七九年，大陸經濟改革號角響起，後來逐漸對私營經濟鬆綁。個體企業與私營企業，均由私人來投資和經營，其區別僅在於兩者的規模略有不同。按照大陸政府規定，個體企業的雇工在七人以下，私營企業的雇工在八人以上。

中共十一屆三中全會之後逐步崛起的鄉鎮企業，是大陸農民的偉大創造。鄉鎮企業今天已經發展成爲農村經濟的重要支柱。大陸目前的經濟發展，主要由國營企業、鄉鎮企業及個體企業爲主導。

改革開放以來，中國大陸已產生三代民營企業家，第一代民營企業家已經分流，另一大批犧牲。第二代漸向現代企業家蛻變。一九九三年開始，在民營經濟中出現「第二次創業」浪潮，在這場變革中，民營企業力圖實現社會主義改造運動，向資本主義自由市場邁進。今天倖存下來的都是生命力頑強的企業及企業家。

◆廣東「太陽神集團」懷漢新

懷漢新，四十四歲，廣東人，太陽神集團總經理。十年前，創辦了「黃江保健品廠」。一九八八年，黃江保健品廠生產的生物激素被命名爲「生物健口服液」並在全國保健品評比中獲得金獎。觸覺敏銳的懷漢新開始感到企業要有長遠發展，必須建立起企業名稱、商標、品牌三位一體的獨特形象，「太陽神」便是這一思路的傑作。太陽神集團的無形資產，如今已超過人民幣二十億元。

懷漢新經營事業強調一個觀點，人才是第三位。第一是經營意識，再來是機制，再其次才是如何建立一個發揮承接高級人才的機制。

◆海南「騰龍集團」冼篤信

冼篤信，一九六一年生於海南省瓊山縣龍橋鎮。四十一歲，大專學歷。海南騰龍企業集團董事長兼總裁。十七歲第一次渡過瓊州海峽，隻身到湖南販賣中藥材，從此走上經商之路。一九八〇年，在家鄉創辦私營塑膠袋編織工廠。一九八六年，於海南大學進修經濟管理專業。

一九八七年，創辦海南騰龍實業總公司，自任總經理。一九八九年，投資三亞市西河西路開發區，歷經三年於一九九二年建成。一九九三年，投資湖南衡陽「騰龍商業城」，通什「騰龍旅遊城」，並在海口設立騰龍集團總部和分公司，在海南進行大規模房地產開發。一九九三年任全國政協委員和全國工商聯委員。

◆廣東「TCL電子集團」李東生

李東生，今年四十四歲，廣東惠州人，TCL電子公司總經理，一九五八年出生。李東生係華南工學院一九八二年畢業生，分配回到廣東惠州，開始在一家工貿公司工作。九〇年代，開始參與TCL彩電廠的籌建工作。一九九五年，TCL王牌彩電的年銷售額已逾二十億人民幣。

TCL 原是一家生產通訊器材的企業，後來與香港長城電子集團合資，生產彩電。TCL 成功地成爲「電話機王國」之後，繼之成爲一個「視聽王國」，因此把 TCL 生產的彩色電視取名「王牌彩電」。李東生是一位老謀深算的市場拓展專家，曾提出「市場是企業的生命」觀念。他把彩電的銷售稱爲「豐收計畫」，空調與彩電的市場正好互補，空調做春夏季，彩電則是秋季，就是豐收季節之後的消費市場。

◆深圳「世界之窗」陳孟炯

「世界與你共歡樂」——這是一句踏入深圳「世界之窗」主題遊樂園便耳熟能詳的廣告詞。有此創意的人正是「世界之窗」總經理陳孟炯，今年五十二歲，雲南人，「世界之窗」有限公司總經理。他原爲雲南教育廳教育雜誌的主編，八〇年代末棄筆從商，從雲南移民深圳，加入深圳華僑城建設工作，一直做到「深圳世界之窗」總經理職務。

陳孟炯認爲深圳發展旅遊最主要的是靠人力創造旅遊景觀，即以「主題公園」爲主題炒作題材，深圳「世界之窗」及「錦繡中華」、「民俗文化村」都是此類作品。他認爲傳統旅遊業是靠「兩老」——一類是老天給的，好山好水，如桂林山水；一類是老祖宗給的，文化古

蹟，如孔廟、孔陵。而深圳靠的是人爲創造旅遊景觀。

◆大連「韓偉集團」韓偉

韓偉，一九五三年生於旅順，中學學歷，現任大連「韓偉集團」董事長，原爲大連市旅順口區三澗堡鎮的農民、畜牧助理。一九八四年辭去公職，以借貸的三百元創辦家庭養雞場，逐步發展爲年產一千萬公斤雞蛋的中國大陸最大現代化養雞場。占大連市雞蛋市場的三分之一，撫順市雞蛋市場的二分之一。

一九八七年，與日籍台商施嘉郎合資興辦「偉嘉畜牧發展有限公司」，該公司下設三個分廠：飼料廠、蛋雞場和種雞場。施嘉郎另有投資大連勝利廣場御園村台灣小吃街。韓偉其後投資建立目前世界上最大的鮑魚養殖場。一九九二年，在北京成立大連韓偉企業集團，以經營畜牧、養殖業爲主，並在房地產、食品、建材等領域進行多元化發展。

◆廣東「今日集團」何伯權

何伯權，今年四十二歲，廣東人，今日集團總經理。生於一九六〇年的何伯權在廣東小欖鎮中學畢業後，做過商店店員、藥廠副廠長、鎮團委書記。一九八九年，借人家的品牌辦起了「中山百樂氏保健製品公司」，而多年後的今天，這家公司已擴展成至少有四億人民幣以上自有資產的大型企業，銷售收入在數年間成長近百倍。百樂氏只幹了三年，這個企業就擴大為「今日集團」。

何伯權的企業經營之道是用「借雞下蛋」的方式，因「百樂氏」商標是廣州一家公司不起眼的商標，經他包裝後，在一兩年後便名聲大噪，成為中國幾大保健飲品品牌之一。這個商標只能租賃到一九九九年為止。所以他在幾年前，便已自創品牌，以「今日集團」發展出「生命核能」的保健食品。

◆成都「希望集團」劉家四兄弟

劉家四兄弟——劉永行、永言、永美、永好，生於四川成都新津縣。一九八二年，四兄弟以一千元起家，創辦鵪鶉養殖場，繼而進軍飼料業，研發出「希望一號」系列飼料，創辦「希望飼料廠」，逐步大開四川和西南的市場。九二年，進軍上海和華東市場，先後在上海嘉定和浦東設立希望飼料廠，並建立大陸首座私營經濟開發區「上海希望私營經濟城」。

九三年起，陸續在湖南、湖北、江西、河南、廣西、山東等地購併，收購國營飼料廠，向全中國發展，形成與外資「正大卜蜂集團」平分市場的局面。並進軍地產、食品、建築、

電子等，在成都投資一億元興建西南地區最大的五星級酒店和住宅區，爲西南和大陸地區最大規模的私營企業之一。

◆珠海「福海集團」羅忠福

生於一九四一年的羅忠福，四川人，中學畢業，廣東「福海集團」創辦人兼董事長。祖輩歷代經商，祖父曾在貴州創辦「天府銀耳行」和「天府銀號」，在當地富甲一方。一九七六年，辭去公職，自辦沙發工廠。八七年，以當時的身家一百五十萬人民幣，到珠海經濟特區闖天下。八八年購入珠海海關附近四塊地皮，後建成珠海第一個私營大廈「福海大廈」。九二年，開發珠海白藤湖「湖中湖花園」，占地七百五十畝，三百八十八棟歐式別墅。同時投資一點三億元興建「福海俱樂部」。九六、九七年引進美國迪士尼式「動感電影院」。集團目前旗下企業二十多個，涵蓋房地產、廣告、建築、貿易、金行、典當行、娛樂等。

◆東北「東方集團」張宏偉

張宏偉，四十六歲，黑龍江人，「東方集團」總裁。一九七八年靠做建築包工頭起家，累積了一筆資金後，便以資本經營不斷膨脹擴大自己的實力，如今已成爲大陸億萬富豪之一，亞洲《富比士》（*Forbes*）一九九五年中國富豪排行榜上名列第六，集團資產總值為十五億人民幣，年營業額十二億，稅後純利約一億。

東方集團屬下的東方企業股票在上海掛牌上市，商界認為是維繫東北全局的行情看板。東方集團投資的遼寧省錦州港是中國第一個股份制港口，已吸引眾多的注意力及外商的高度興趣。

◆中山「威力集團」許繼海

你吃過「威力套餐」嗎？這不是一句快餐廣告語，它是大陸洗衣機大王「威力集團」為搶占大陸市場推出的一系列商品活動。許繼海，威力集團總裁，五十歲，廣東人。一九七三年從部隊除役後重回中山洗衣機廠，一九七六年任廠黨支部副書記。

八〇年代生產單槽洗衣機，使企業從虧損負債中翻轉過來。一直到一九八三年雙槽洗衣機的搶點之戰，創造威力洗衣機行銷全國浪潮。許繼海被稱為「中國經營大師」，被世界統計組織評為「中國洗衣機大王」。

許繼海非常重視廣告宣傳的作用，一句感人的「獻給母親的愛」廣告詞在母親節前推出，為威力洗衣機奪得大陸市場。

改革開放後曇花一現的企業

一、「南德」牟其中——孤膽英雄，豪情壯志

一九九九年一月七日九點四十五分，大陸有關方面工作人員來到北京「南德集團」辦公大樓，召集公司人員到二樓多功能廳開會，在三十多名職員完成工作交接手續後，南德集團宣布關門。一月七日上午九點，在南德關門前，牟其中被有關部門帶走。結果航行中國五年，曾經叱咤風雲，又被風浪吹拍得搖搖欲墜的超級戰艦終於沉沒。牟其中從該年一月起失蹤，二月遭到逮捕，並於九月遭到起訴，十一月一日在武漢受審。與牟其中並列被告的還有會計姚江、其子牟臣、姪子牟波、生活秘書夏宗煒，他們被控直接參與信用證詐騙犯罪。

十一月一日清早，武漢中級人民法院門口，湧現境內外一百多家媒體的三百多名記者，將可容納五百人旁聽的法庭爆滿。牟其中自一九九六年起，便因拖欠巨額債務逾期不還，而在大陸各省市多家法院被債權人起訴。

據武漢中級人民法院起訴書內容指出，自一九九五年上半年起至九六年六月，牟其中等人為緩解集團資金緊缺而策劃信用證詐騙，先後通過澳大利亞某公司的何某及香港某公司，以南德集團進口貨物等名義找到湖北省輕工業品公司代理，又拉到貴州交通銀行擔保，陸續在中國銀行湖北分行開出三十三張信用證，造成三千五百多萬美元的經濟損失。牟其中將詐騙所得用於境外貼現，投資衛星業務及集團的開支。

牟其中被控以假文件向銀行貸款七千五百萬美元無法償還，據律師表示，這項罪名如果成立，牟其中可能被判處死刑。牟其中號稱當代中國大陸首富，人稱中國頭號「倒爺」、「空手倒」大師、「借雞生蛋高手」、「空手套白狼專家」。其中最出名的是一九八四年以貨易貨方式購買四架蘇俄製民航客機的「倒飛機」，一舉轟動大陸和世界各地。

牟其中用幾百節火車車廂庫存輕工機電、民生物資，換取俄羅斯 T-154 大型客機，為他賺取兩億人民幣，同時南德集團也一夕成名。牟其中一生極具傳奇性和爭議性，三起三落，文革中被判死刑而未死，一九八〇年用三百元創造數千萬元的奇蹟，誇下海口在二〇〇五年成為世界五百強的前十強。牟其中是大陸人茶餘飯後聊天的話題，但在這話題中又隱含中國經濟深層的思考。

牟其中，一九四〇年生於四川萬縣，中學學歷。中學畢業後想報考大學，但因「出身」問題而被拒於門外。文革時，因對毛澤東思想提出質疑而被判死刑，但未執行。一九九四年發射衛星，成爲中國大陸第一家民營企業的創舉。同年在美國設立投資擔保銀行，爲美國企業前往大陸投資提供擔保和合作項目。南德集團旗下，鼎盛時期有海內外二十多家公司，七家研究所，業務涵蓋高科技開發、房地產、區域開發、國貿、金融、航空、衛星、國企改造等。

由於牟其中發明「第四產業」理論，在一九八九年一月獲邀參加瑞士世界經濟論壇會議，在會議上侃侃而談對大陸與世界經濟的看法，而同時應邀的兩位人士，是當時的總理李鵬和副總理朱鎔基。

牟其中如何「高樓平地起」又如何「高樓轟然塌」？他最大的成功——買回四架 T-154 客機——成爲致他於死地的導火線。不要說牟其中的民營企業做成這筆非國家部門不可做的大生意，成功後由於「分贓不均」激怒一群嫉忌的人，處處想整他。曾經在一九七八年建議中國大陸應恢復舉行「高考」而被鄧小平「恩准」的溫元凱評論說：「牟其中的致命要害在於，企業內部管理是小作坊的宗法家族式管理，即讓血緣家族人物掌管重要業務，結果在南德集團內形成『牟家黨』——由牟其中親戚組成，及『夏家黨』——由牟其中太太夏宗瓊家人組成。這兩派『宮廷集團』的鬥爭，南德就留不住重量級的人才，也就必然產生封建王朝式的官廷鬥爭與醜聞。再則，牟其中極其剛愎自用，一成功便忘了我是誰，又喜歡濫打政治牌、政治投機性太重。」

當歷史把一切都燒成灰燼，在這灰燼中，唯一能夠熠熠閃光的，就是由卓越的識見凝聚而成的思想珍珠。在黑暗中脫穎而出的先知們，就是用心血和淚水辛勤磨礪這一顆顆思想珍珠的工藝大師。自古多以成敗論英雄，「成者爲王敗爲寇」。雨果老人說：「貧窮使兒童孱弱，使婦女墮落，使老人無依無靠。」曾經爲大陸二百萬人造飯碗的超級戰艦沈了，這些人頓失依靠。投身於市場經濟海洋的牟其中，從此埋葬在孤膽英雄、豪情壯志的社會主義深淵中。

二、珠海巨人大廈吸乾史玉柱的血

「巨人」的迅速成功爲世人所驚歎。巨人是大陸高科技的代表，大陸國家主席江澤民視察「巨人」集團時，對總裁史玉柱說：「中國就是要當巨人。」而史玉柱也鏗鏘有力地說：「『巨人』要做中國的 IBM，要做東方的巨人。」大陸前總理李鵬曾親自南下珠海三次前往巨人總部考察並親自為大廈題詞。一九九七年初《深圳特區報》在它那很有分量的副報「投資導報」上首次披露：珠海巨人集團及其總裁史玉柱陷入困境！這一消息如石破天驚，迅速傳遍了全國，影響波及海外。一九九八年，巨人集團資不抵債被法院查封，人們先是懷疑，繼而驚愕，進而反思：「巨人怎麼了？」

一九六二年，史玉柱出生於安徽懷遠縣，父親是警察，母親是工人。一九八〇年七月考上浙江大學數學系，一九八六年，當時年僅二十四歲的史玉柱，在河北唐山的中國全國統計系統年會上，向全國推廣使用他所開發的「統計系統軟體」而聲名大噪。不久被保送到深圳大學軟體科學管理系進修研究所，畢業後，放棄公職不幹，毅然「下海」從商。一九九一年四月，珠海「巨人新技術公司」註冊成立，資本額二百萬人民幣，史玉柱出任總經理。一九九一年八月，巨人研發成功的漢卡 M-6403 上市，十一月銷售量全國第一，獲純利一千萬人民幣。一九六二年十二月，電腦漢卡 M-6403 年銷量二十八萬套，營業額一．六億人民幣，年成長率為百分之五百。一九九三年一到三月，中國共產黨和國家領導人楊尙昆、李鵬、李鐵映等人先後視察巨人集團。同年十二月，巨人集團在一個月內在全國同時成立三十八家分公司，一九九四年六月，大陸國家主席江澤民視察巨人集團。一九九五年十月，大陸「國民營科技企業技工貿總收入一百強」巨人集團名列第六。一九九六年九月，巨人推出 M-6407

桌面排版系統。一九九六年九月一日，巨人大廈終於浮出地面，完成地下室工程，三層樓挑高的首層大廳完工。一九九七年一月，巨人財務危機終於爆發。一九九八年，法院查封巨人大廈，巨人破產，從此走入歷史。

巨人倒閉有諸多原因，其中最主要的是：一、決策失誤，發展太快；二、管理不善，經營失控。巨人在經濟行爲中的不成熟性，使它未能深刻把握經濟規律，特別是大陸經濟運行的周期性規律，在經濟高潮時，被勝利沖昏了頭，不能及時控制周期性規律。巨人經營決策失誤，導致主業電腦軟體漢卡的銷售不突出，努力發展藥品、保健品的結構又失衡。發展太快，內部管理跟不上部門擴充，員工缺乏向心力，且盜用公款，侵吞公司財產等都是巨人的致命傷。巨人何以像一座地基不穩定的大廈說倒就倒？史玉柱爭第一的狂熱思想，要蓋中國最高樓、中國的新地標等決策誤判，造成巨人無法彌補的損失。在珠海蓋一棟七十層的巨人大廈吸乾了巨人集團的血，又碰上地基下層是斷裂帶，兩次大水將地基全淹，蓋大樓時恰巧碰上宏觀調控銀根緊縮，地產降溫，保健品市場又遭中央大力整頓，市場蕭條。巨人大廈從一九九四年二月開工到一九九六年七月，竟未申請過一分錢的銀行貸款，做房地產不跟銀行打交道乃犯了商場大忌。再者，以巨人在保健品和電腦軟體方面的產業實力，根本不足以支撐造價十二億人民幣、樓高七十層的巨人大廈。當史玉柱把所有資產都孤注一擲地投往巨人大廈時，巨人大廈便吸乾了史玉柱的血！巨人集團的資產有百分之九十以上是史玉柱在四、五年內賺來的，也在一夕之間化為烏有，真是「成也史玉柱，敗也史玉柱」，不禁令人唏噓。

三、「飛龍」姜偉——從大風起兮龍飛騰到五洲蔽日飛龍垮

瀋陽「飛龍集團」的創辦人姜偉，八〇年代初畢業於遼寧省中醫學院，曾任遼寧省中藥研究所藥物研究室主任。一九九〇年十月二十六日，飛龍集團的資本額只有人民幣七十五萬元（以下幣值皆為人民幣），員工幾十人；一九九一年稅後盈餘四百萬元，九三、九四兩年，稅後純利超過兩億元。這家企業靠「飛燕減肥茶」起家，後來開發出「延生護寶液」飛速發展。

到一九九四年，瀋陽飛龍醫藥保健品集團發展成以醫藥、保健、美容品為主的高新技術企業集團。員工平均年齡二十八歲，銷售業務員四千人。一九九一年開始，集團四年完成銷售額二十億，稅後純利四億二千萬元，發展速度居全國醫藥行業之首。因此，集團總裁姜偉榮獲三大桂冠：「全國傑出青年企業家」、「中國十大傑出青年」、「中國改革風雲人物」。

天有不測風雲，從一九九四年下半年開始，大陸保健品市場一片混亂，到一九九五年，

全國一下冒出二萬八千種保健品，氾濫成災。一九九四年底，保健品市場迅速滑坡，飛龍集團大受影響。到九五年春節後，飛龍的銷售和回款同時出現嚴重問題，在管理上存在巨大缺陷。同年六月，姜偉突然下令，飛龍集團進入全面「休整」。

飛龍集團自一九九一年起步，就一發不可收拾，企業在難以遏止各種損失下迅速地擴展，以前雖有多次調整，但因市場快速的變化而有始無終。如今飛龍已進入休整期。我們分析飛龍快速竄起又急速下落的失敗原因有：

①先擺出一個大陣勢，製造出一個巨大的發展空間——即大量廣告轟炸；接著，大軍全面突擊，使企業在短期內完成巨大的飛躍——即實施「人海會戰」。實際上這樣做有很大風險，是一個不成熟的冒險者行為。

②習慣於用自己的舊習慣和舊經驗來做新決定，又最不容易被決策者發現和及時糾正。要徹底糾正習慣思維方法，不僅要採用新的思維，且要改造決策體系。

③產業「多元化」沒錯，但一定要謹慎從事，不要輕易換跑道，四面出擊則首尾難顧，另外，不熟悉的行業不要輕易涉足。

④在這段成長中，歷經無數次的重大失誤。如：決策的浪漫化、模糊化和急躁化；沒有

長遠的人才戰略；人才機制沒有市場化；單一的人才結構，人才選拔不暢；企業發展缺乏遠見，企業創新不力，企業理念無連貫性；管理規章不實不細；對國家經濟政策反應遲緩，忽視現代化管理；利益機制不均衡，資金分散使用；市場開發的模式前後相同，虛定的市場占有率、沒有全面的市場推進節奏、地毯式轟炸的無效廣告等；以及國際貿易的理想化，都造成飛龍無法騰飛的原因。

飛龍集團過去的錯誤經驗是企業寶貴的財富，是未來發展的寶貴資產。社會上各大企業的錯誤與失敗經驗也是人們值得借鏡的財富。人們絕對不能從已經失敗的事情中，千方百計地去尋找幾個小小的成功和幾個小小的閃光點，以此爲理由來解釋企業的失敗，尋找心理上的自我安慰！

第四章

大陸有企業家嗎？

隨著世界經濟日益向高層次發展，企業家在企業發展中占有越來越重要的地位，大量的企業實踐證明：企業成功與否，在很大程度上取決於企業的掌舵人——企業家。企業家不同於一般企業領導者，企業家與廠長不是同一個概念，企業家必須是負責人，但廠長不一定是負責人。

作爲專門的企業經營管理人才，企業家必須具備與其地位和作用相適應的特質。什麼是企業家的特質？他在企業中應扮演什麼角色？日本對企業家的註解是：「要有前瞻性的危機意識、崇高的情操，要有社會責任感和愛國精神，要對子子孫孫負責。」在大陸改革開放腳步越來越大，在自由化、國際化趨勢下，現代中國企業家應具備專業知識、組織能力、危機意識、國際眼光、參與政治、冒險犯難和親和力等七大特質，同時也要對企業、對社會、對國家的三大使命負起責任。

對企業責任即是不斷地創新，遭遇困難時突破困境，重新訓練員工，朝多元化發展，而不是一遇困難就兩手一攤，等待關門。一個企業體內有很多人，一般員工或者職務高一些的經理，可以很容易地離開企業，企業破產時可以不承擔一分錢的債務，但是法人代表就沒有這樣簡單，他不能輕易離開企業，企業破產時，第一個受到損失的是他；反過來說，企業獲利很好的時候，他個人的收益也會水漲船高。

大陸的國有企業總經理八成以上與企業沒有這樣關係。國有企業的總經理實行任期制，任期滿了以後無非是幾種前途：一種是任期內取得很好的成績，那麼這位總經理可能會被提升到政府去當官，或者到一個更大的企業去當總經理；第二種任期內業績平平，但也沒有明顯錯誤，依然可以作下一任的總經理；第三種是任期內經營業績虧損，但總經理一來沒有反對共產黨，二來沒有貪污或者轉移國有資產，那麼這位總經理還可以到另外一個企業或者政府部門去任職。這就好像外交官一樣，外派當大使，幹得好就調到更大國去任職，幹不好，就調回國「冷凍」起來，搞丟了一國的外交關係，斷交了也只是回國述職。

大陸有數百萬家國有企業，有數百萬個總經理，但有八成以上的國營企業是沒有企業家。即使在最理想的狀況下，實際上總經理的平均經營能力不會比總人口的平均能力高多少。在這個意義上，他們並不是企業家。企業家應具備異於常人的特性，如能運作一定規模的資金，能管理一個組織，能夠向社會提供產品或服務。更重要的是對國家、社會、人民的責任，要有「取之於社會、用之於社會」的精神。未來是誰掌握科技誰就掌握明天的時代，然而高科技、高風險沒有多少企業負擔得起，企業家面對此事時，也應體認科技對國家生死存亡有直接的影響，必須排除己見，配合未來，讓科技政策順利推動，而不是扯後腿。將來大陸市場必將走向自由化、國際化，企業與社會、國家均是整體不可分割的，一旦分割，便不能成功。企業家對社會的責任是指不要只獨善其身，必須考慮到社會和諧、社會生活品質以及人民生活水準的提高。

大陸要有企業家精神，但有企業家精神者太少

什麼是企業家精神？企業家精神是非常強烈地承擔企業責任的意識，千方百計地爭取企業利益，擴大規模的精神；是指勇於開創，勇於承擔風險的氣質，要運用充滿創意的經營方法，巧妙地選擇重點，組合有限資源，在變化的環境中追求突破。企業家須具有上述的精神與氣質，技巧與智慧。企業經營，二者皆不可或缺。

儘管大陸經濟目前有很大發展，但國民所得並不高。美國人是有錢就花，日本人是有錢都不花，大陸人不知從什麼時候變成了沒錢也要花。大陸貧窮，貧窮的大陸企業家如安安穩穩地睡覺，歌舞昇平地享受，以爲這樣也可以屹立於世界發達國家之林，那只能是夢想。在競爭的世界裡，作爲弱者的兔子如何保護自己不被吃掉，最好的辦法就是把眼睛睜大。但是，大陸的企業家沒有危機意識。日本的企業家在自己事情沒有辦好的時候，聽到的更多的

是自我的譴責。大陸的企業家事情沒辦好時，更多的是尋找幾條不能辦好的客觀理由。日本企業家不能原諒自己，中國企業家不能原諒別人。

「領袖」是一個象徵，是一個企業的精神支柱，沒有他，企業將會缺少凝聚力而渙散與支離。這些「領袖」就是平時被人們稱作「企業家」的那些人。企業家正依靠其優秀的人格，讓許多人組織起來成爲一個企業，進行生產和服務。松下幸之助是日本成功的企業家，松下公司因他而興旺。企業家應具備哪些優秀精神呢？而最具魅力的人格又是什麼呢？成功的企業家最優秀的精神是正直，這是優秀企業家最具魅力的人格。

企業家不但須具有以上人格特質，還須扮演「企業公民」的角色。「企業公民」是指企業努力在社會上扮演的角色，而不只是遵守企業道德或企業社會責任。企業道德或社會責任要求的只是遵守法律及合理的信用條件、環保政策、公平交易、反貪污腐敗等，但企業公民並不只是如此。企業公民是企業站出來說：「企業的營運對社會有所助益，但我們要做的不只是這些。我們要這個社會更好，要志願地提供科技、金錢、知識，來改變社會。」當然，企業並非萬能，更不可能因爲扮演企業公民的角色，而耗損了企業的競爭力。所以需要發展一種經營技巧，使得企業公民這角色，有助於企業的競爭力。但是目前大陸的企業家，距離「企業公民」的理想似乎太遙遠。

透過成熟的管理技巧，企業在社會扮演領袖的角色，不但可以增進企業和政府的關係，還可以掌握社會新的思潮，企業公民思潮其實就是企業改造運動。

未來，越來越多的企業會重視回饋社會。爲什麼？因爲已經有許多企業發現，當員工爲社會做回饋時，他們會有極高的動機，變得樂觀積極，充滿活力。當這股力量由衷而發，任誰也擋不住。領導這股力量正是有企業家精神的企業家。企業存在的意義，是教育社會大衆和人民結合，並且和環境共存，變成可長可久。

短命的優秀企業家多，眞正的企業家太少

在大陸，長壽的優秀企業家鳳毛麟角，短命的優秀企業家卻比比皆是。大陸要晉升國際市場，企業的壽命就要長，營運策略就要連續，但是大陸的企業家像走馬燈一樣不斷變換。大陸優秀的企業家大都只能紅極一時、曇花一現，怎麼想像他們會登上世界舞台？又怎麼想像大陸經濟崛起、中國富強呢？

大陸的優秀企業家爲什麼會短命？除了「槍打出頭鳥」之外，還有一種民族文化心理上

的悲哀，誠如作家柏楊所說「你比我好，因此我要把你拉下來」的平均主義。大陸企業家的短命不光是這一個原因，還有一個原因是企業家本身的「打短工」意識，很少有人眞心願意在企業長期工作下去，這是國營企業家的常態。

改革開放二十多年來，各行各業湧現了一批風雲一時的民營企業家，也有許多民營企業家悲壯地倒下。許多企業家紅紅火火三五年後便無聲無息，演出了一幕幕「各領風騷三五年」的悲歌。與許多國家企業家不同的是，許多民營企業家「倒下」，多因爲「自身失誤」。這一點，民營企業家瀋陽「飛龍集團」總裁姜偉有很深刻的體認。北京「南德集團」總裁牟其中經歷比較坎坷，由此也發展出自己的「九十九度加一」的企業理論：中國目前擁有相當強大的社會生產動力，如能加上最關鍵的一把勁——市場作用，就可以激發巨大的效益，正如水溫九九度仍未沸騰，及時加上關鍵的一度，才會沸騰。但是大陸並沒有給他這一度，因此，牟其中「倒下」了。

投資者和企業家是兩個概念，眞正的企業家應該特指那批優秀的經營者。民營企業家應多琢磨別人失敗的教訓，少眼紅別人的成功。白手起家的故事看多了，自己也會跟著頭腦發熱。企業家在考慮投資時，想得最多的是失敗而不是盈利，他要盡可能地迴避掉所有風險，再投入資金。民營企業家的發跡大多是抓住一兩個好產品，瞄準一個市場空檔，然後押寶於市場促銷，一舉成功。這種偶然性的成功漸漸地成爲民營企業家的一種思維方式，在決策時帶有極強的賭性。

短命的背後，隱藏深層的意義。企業家是市場經濟的產物，沒有企業家，市場經濟運行得高效有序就難以形成。隨著中國大陸社會主義市場經濟體制的建立，企業將逐漸成爲市場經濟的主體，企業家也將在大陸經濟運行和發展中起了不可替代的重要作用。然而，變革的中國大陸雖然已經有一些眞正的企業家，但他們在市場經濟中並沒有獲得相應的地位，他們的作用並沒有充分發揮出來。

在市場經濟條件下，只有樹立企業家是稀少資源的嶄新觀念，才能積極有效地防止企業家流失。必須要做的是眞正關心、幫助、支持企業家追求事業，眞正爲企業家保駕護航，解除他們的後顧之憂，用愛心和事業凝聚企業家的智慧和才幹。

大陸需要王永慶，王永慶不能救大陸

有人提起台灣的經濟，便會想到經營之神王永慶對台灣的貢獻。沒有王永慶就沒有台灣的經濟奇蹟。有沒有台灣的經濟奇蹟有幾個關鍵條件：第一個是當時的台灣要有一個經濟開放的大環境，如果沒有這個大環境那就一定不會有王永慶；第二個是有了大環境，還必須要有一個好的領導人，王永慶是一個傑出的企業領導人，沒有一個好的領導人，光有大環境也不會有台塑企業。

大陸自一九七九年改革開放以來，大環境對所有的企業都是一樣的，但有的企業發展了，而有的企業衰敗了，其中一個重要原因就是企業領導人的問題。光有大環境和優秀領導人還不行，還要有一個優秀的企業團隊，這其中包括企業決策團隊和員工隊伍。這裡面有一個觀念問題，就是什麼樣的領導人能夠稱之爲優秀的領導人。生活中我們能夠看到有一種人，個人素質優秀，能力超群，也能做出很大的事情，我們不能說這樣的人不優秀，但是企業需要的是那種能夠鑄造一個英雄集團的領導人，這是衡量企業領導人是否優秀的標準。因爲企業是一個組織，是由一群有缺點、有優點的人結夥搭幫組成的集體。

大陸企業目前對體質的改善並不是很熱衷。企業股票上市按理來說第一個功能是轉換經營機制，第二個功能是籌措資金。但是現在大陸的股票市場功能運作錯了，沒有發展成轉換機制而變成扶貧基金，企業資金有困難就想辦法上市發行股票，一上市就有錢了。

大陸經濟發展需要王永慶，但王永慶不一定能救大陸！

對兩岸歷年來多位優秀企業家的追蹤

有些企業家雄心勃勃，想快速成長，一意擴充，以在同業中揚眉吐氣，忽略財務穩健，當負債太高，新業務又無法展開時，等於兩面挨耳光。再加上經濟不景氣，這時銀行開始抽銀根，就更危機重重了。根據台灣統計，歷年來「青年創業協會」所選出的青年創業楷模，日後有兩成左右公司遭遇危機而不知去向。九一年佳佳電腦公司、詮腦電腦公司，九四年光男集團等，出現財務危機，幾乎拖垮整個公司，都因主持人企圖心過高而沒有衡量自己的實力。

十年前，大陸權威部門評出了改革開放後的首屆全國優秀企業家——金球獎。二十名風頭正勁的企業領導人名列其中，一度成爲傳媒焦點的馬勝利、周冠五均是當年金球獎的得主。在這二十人中，除了汪海等四人還在原企業從事領導、管理工作外，其餘十六人的流向多少憂大於喜，升遷、離任、免職、辭職、叛逃等不一而足。

從這個統計結果來看，竟有高達百分之八十（十六位）的企業家正常或非正常地離開工作崗位，而其中，二分之一的企業家因非正常原因離開工作崗位。春榮秋枯時代的變遷和個人因素，使首批「優秀企業家」中的大部分人，從昔日喧鬧的舞台悄然退場。十年彈指一揮間，滄海橫流，英雄安在？十年過去了，就好像揮揮手經歷了八千里路雲和月。

大陸企業家的未來之路

大陸首屆全國優秀企業家十年的變化，不難發現，在大陸企業家短命的背後，更多的是體制的弊端和適合企業家生長養分的欠缺。甚至一批體制內企業目前不景氣，效率低下，並不單是由於企業經營者能力不濟，而是因爲體制所決定的經營機制嚴重阻礙了這些經營者思維的擴張和潛力的發揮。因而，要創造有利於企業家脫穎而出和茁壯成長的土壤，關鍵在於「制度創新」。

早在一九一一年，著名經濟學家熊彼得就提出，推動近代工業革命和社會財富迅速累積的核心人物是「企業家」。他說：「企業家的創新活動在任何社會中都是經濟發展的中心關鍵，也就是說，一個社會要是缺少了企業家和他們的創新活動，就會漸漸枯萎，最後被淘汰。」企業家之所以是企業家，便是在於他們具有超乎常人的能力和素質，在於他們具有常人所不能擁有的拼搏、進取、冒險、創新的企業家精神。正因爲企業家具備了這種精神，我們才能認定，沒有企業家企業就不可能強化科學管理，追求技術進步。就不可能在不斷提高效率和經濟效益的過程中求得利潤和資本增值的最大化，整個社會經濟效益的提高和社會財富的增加就會受到嚴重阻礙。

對於一個企業家來說，要在激烈的競爭中立於不敗之地，就要敢於創新，善於創新。比如開發新產品，尋求新市場，按一種新的方式組織生產，發現並使用某種新材料等等。大企業家與小企業家的區別在於，大企業善於估算大規模創新活動的損益，而小企業家則精於計算小規模的創新和損益。創新的規模越大，其損益的估量也越帶有不確定性。所以大企業家是那種善於在高度不確定的情形中作出決策，並獲取豐厚利潤的企業管理者。

一個眞正出色的企業管理者，總要在一定程度上是一個出色的企業家。過去大陸國有企業的管理者僅僅是按國家計畫和部門操作規程生產，僅僅是「管理者」，也就是大陸經濟學家汪丁丁所說的「技術官僚」。只有在市場經濟的環境中，這些「技術官僚」才有可能成爲眞正的企業家。

大陸要培育大量而優秀的企業家，經濟發展才有前途。政府和社會應努力培育一個有利企業家脫穎而出的機制，營造一個有利於企業家成長和創業的環境。首先，要著力探討建立使資本擁有者與經營者合一的企業制度。其次，應大力培育鼓勵創新的社會激勵機制，穩定的政治環境和寬鬆的市場環境。再來，要建立和完善對企業家的激勵和監督的約束機制。最後，要建立和完善對企業家的選用機制，要加大企業家的選拔和培養力度，建立企業家人才市場，充分發揮市場在配置企業經營管理人才中的作用。要做好在職企業經營管理人員的培訓，使其中大部分成爲既有豐富實踐經驗，又有較高理論素養的企業經營管理人才；要做好企業儲備人才隊伍的建設，對確定的後備人才要進行系統培訓，並即時放到重要崗位接受鍛鍊。中國企業家的未來充滿荊棘和坎坷，但又是一條不得不走的不歸路。

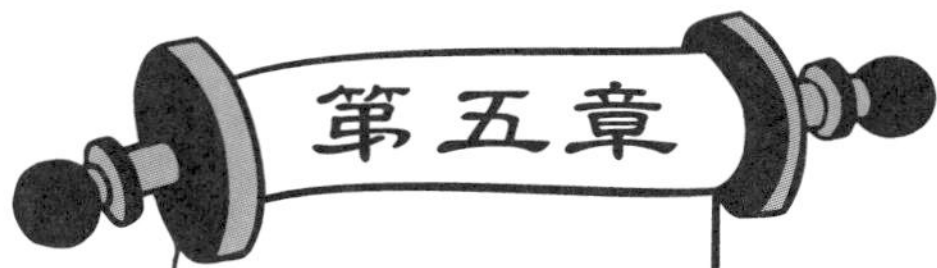

第五章

結合兩岸產業優勢共創未來

台灣在發展高科技產業方面相對地比大陸優勢。台灣有較充裕的資金，與國際市場緊密聯繫，科技成果轉化爲商品的速度較快。相對地，台灣也有不足之處，如關鍵技術對外依賴太大，市場經濟規模太小，高科技人才不足等問題。

大陸近幾年已努力在改善產業結構，朝著高新技術產業發展。隨著經濟規模越來越大，只靠消耗大量能源來求經濟成長已難以爲繼，轉變經濟成長方式，提高科技進步對經濟成長的貢獻率，已成爲推動經濟繼續發展、更上一層樓的前題條件。大陸進一步積極推進產業結構調整，在繼續加強基礎設施和基礎工業的同時，要大力振興支柱產業，以帶動整個經濟成長。

大陸在發展高科技產業方面的相對優勢主要是，具有較爲完整的科研體系，比較充裕的科技人才，擁有較具國際水準的研究成果和大陸的市場規模。早期的大陸產業擺在重工業方面，以中國科學院、國防科工系統爲主的科研體系，共有研究機構三萬多個，研究人員約三百萬人。目前，已初步建立了自主的航天（太空）研發和產業體系，並在火箭發射技術方面達到國際先進水準，這也表明大陸在高級材料，半導體等領域也具有相當的研發和生產水準。

大陸在一九八六年推動「八六三高技術研究發展計畫」，到目前已取得重大發展，研究成果一千二百多項，其中達到國際先進水準，經國際認定的約有五百六十項。有五百四十項成果獲國家級獎助，獲國內外專利的有二百四十四項。百分之三十八的成果已應用在民生工業上，如電腦積體製造系統（CIMS）技術在國際上獲得「大學獎」、「工業獎」，現已推廣應用到機械、電子、航空、紡織等行業。dib型干擾素基因工程藥物臨床療效有二十多種指標均達到國際水準，現已有規模生產。

但是，大陸發展高科技產業也同樣面臨一些問題。諸如：受制於國民經濟整體發展水準不高；科技研發資金不足；總體經濟市場化程度不高；科技成果轉換成生產力或商品的節奏較慢；科技產業化的經營和管理人才不足。

台灣的競爭優勢在於發展較快的工業，如資訊產業和消費性電子產業方面，產品的市場占有率已是全球第一。相對於台灣，大陸比較優勢的產業有航天航空產業、能源產業等。大陸的衛星發射技術已進入世界先進水準行列，並在國際上占有一席之地。另外在飛機生產和維修技術上，大陸也比台灣略勝一籌。兩岸各有所長方面，如資訊產業、通訊產業、高級材料產業、醫療保健產業和環境保護產業等，大陸擅長基礎研究和開發，台灣擅長技術的轉換和運用。

經過十多年台商投資大陸的深化，希望能帶動兩岸高科技產業的合作交流。在生產要素方面，可以形成以大陸的研發技術、人力資源和市場，加上台灣的經營管理和營銷技術、人才資源和資金所組成的合作互補結構；在具體產業的合作互補上，大陸的航天航空產業，高級材料產業，生物化學產業、半導體產業、環保產業等可以彌補台灣之不足；而台灣的資訊產業、家用電子產業等也可以對大陸形成帶動。在合作互補的目標上，應是兩岸截長補短，共建華夏自主的科技產業體系和共創中華民族的產品品牌。

要達到兩岸產業互補的方法必須是「垂直分工」與「水平整合」並行不悖。大陸幅員遼闊，區域發展極不平衡。目前已漸失競爭力的產業可以西移到內地地區，勞力密集產業在這些地區仍具有優勢。另外可以在資本和技術密集型產業上加強合作，因爲兩岸在新興產業和高科技研製開發領域上合作的空間仍非常廣闊。兩岸只有同時進行垂直分工與水平整合的合作，才能提高彼此競爭力，只有更深化兩岸經貿合作，才能共創中華民族的新未來！

共構大中華經濟區

對一個人口衆多，幅員遼闊的國家而言，「分權制」政府應該是最有效的行政管理方式。建立聯合的中華共同體，會有助於解決中國現存的領土和主權問題。香港問題解決後，台灣問題便被提到中心位置上來。江澤民希望在任內解決台灣問題，如此他便會在中國史上名垂千古。香港回歸、澳門回歸，希望台灣也能在他任內「回歸」。至少要在他有生之年，看到台灣問題解決，不要像鄧小平還來不及看到香港回歸便撒手人寰。

可是台灣正式拒絕了「一國兩制」的安排。台灣政府與廣大的人民反對「一國兩制」統一中國的方案。大陸強壓於台灣人民的政治手段，會引起強烈反彈，如大陸態度強硬，霸王硬上弓的話，將逼使台灣走上獨立之路。即使大陸用武力把台灣問題解決了，所付出的社會成本，將遠高於接收台灣的數十倍。

大陸和台灣領導人的性格特點，將是統一問題中最具決定意義的因素。用政治手段達成中國統一似乎還有一段長路要走，我們何不坐下深思：用經濟手段達成統一的初步階段，水到渠成，政治問題自然迎刃而解。我在此要提出一個用經濟手段達成兩岸統一之初步階段的架構。

一、「中華經濟區」的理論架構與構想提出

什麼是「中華經濟區」？用最簡單的話講，兩岸四地（大陸、香港、澳門、台灣）的人民、商品、資金、勞務都可以自由來去流通。比如：手持兩岸四地其中任何一區的簽證，入境後就可以自由地到其他地區。任何一區的專業性及技術性人員，可在各區尋找他們喜愛的工作。一張政府文件就可取代其他各區海關表格。學生可以在任何一區選擇大學就讀，學位或文憑將會得到承認。通過各區的貨車、貨船、貨機，再也不需在邊境檢查，運貨時間和成本可以降低。變成單一經濟區後，商品與勞務競爭更激烈，消費者會得到更多的好處。單一經濟區形成後，在兩岸四地可以共同使用一樣的貨幣，省掉不少麻煩及匯兌的損失。

在今天的國際舞台上，大陸因龐大的人力與武力受到重視，但得不到尊敬；台灣因龐大的經貿實力與外匯存底得到尊敬，但得不到重視。這是中國人何等的悲哀！

大陸地大物博，人口眾多，經濟潛力雄厚，但缺乏開發資金和先進技術，若有其他三個地區的合作，就能充分發揮其經濟實力，而台、港、澳也可從合作中得到效益。台灣資金雄厚，資訊靈通，擁有廣大國際市場，但缺乏資源和勞力，島內市場狹小，國際市場因成本提

高而競爭力下降，日益暴露著經濟上嚴重對外依賴性的弱點。如果加入「中華經濟區」，就可以解決資金出路問題，有了大陸資源、勞力和廣大市場作後盾，不但可以解決島內工、農業的難題，促進工業轉型，而且能減少對外依賴性，抵制國際保護主義的衝擊，加速台灣經濟的發展。港、澳參加「中華經濟區」後既能進一步發揮做爲大陸對外經濟基地的作用而得益，如進一步發展金融中心、航運中心、貿易、旅遊事業，又能更有計畫地大量利用大陸低廉的勞力，發展加工業和勞力密集型產業等。透過合作，能夠截長補短，發揮各自優勢的一面。從世界經濟發展脈動而言，形成各種區域性組織的國際競爭，又是一種必然趨勢。「中華經濟區」的形成正有如上述良好的條件。

(一)「中華經濟區」的理論架構

與「歐洲經濟區」、「美洲經濟區」相比，中華經濟區具有一種單一性的文化——漢字文化。在歐洲經濟區中，有十幾種語言，還包括不同的宗教信仰；在美洲經濟區中，也有英、法、西語等，同時也有不同宗教信仰。唯有中華經濟區具有單一性的漢字文化及統一的儒教信仰。

從中華經濟區的兩岸四地經濟整合來看，漢字文化這種超越方言，超越古今時代的強大社會功能，集中表現在對中華民族的形成和中國統一所產生的巨大凝聚力。以儒家學說爲代表的中華文化在經濟學方面的最大特徵是：家族式管理；而在政治學方面的最大特徵，則是大統一的政治觀念和傳統。後一大特徵，對當代世界的政治學提出了新的命題，也對中華經濟區未來發展走向，具有啓示作用。

（二）傅高義首次提出「粵港經濟區」概念

傅高義，美國哈佛大學著名教授 Ezra Vogel 的中文名，在一九六九年曾出版《日本第一》一書。一九八八年，他在廣東做了八個月的調查，走遍了廣東七十多個縣市，寫成了《改革中的廣東》。書中他縱觀了廣東各地區、經濟特區、珠江三角洲和海南島的歷史和現狀，全面敘述了二〇到八〇年代改革帶來的巨大變化，並把廣東的改革放在東亞新興經濟區（日本、台灣、香港和南韓）的歷史和地理背景上進行比較。他是西方學術界提出「粵港經濟區」概念的第一人，這一概念可視爲今天「中華經濟區」的雛型。

傅高義認爲，在技術水準、生產率和教育水準上，廣東在八〇年代後期仍然明顯地落後於東亞幾個新興工業區，但廣東的發展速度高於台灣和南韓高峰發展期的速度。香港是世界一流的訊息、金融和運輸中心，而廣東則是向香港供應農產品和廉價勞力的內陸腹地。香港與廣東的天然結合，定能在國際市場上一爭長短。

面對大陸、台、港形成一股不可忽視的力量，及在經貿方面的快速發展，世界銀行及國際貨幣基金會不得不於一九九三年四月在它發表的研究報告中，把大陸、台、港視為一個整體的分析單元，並稱它為「中華經濟區」（Chinese Economic Area，簡稱 CEA）。

世界銀行預測，這個「大中華經濟區」將在今後十年內壯大到足以與德國、日本、美國分庭抗禮，而成為全球經濟的「第四個增長極」。一九九三年五月十日的美國《時代雜誌》以「下一個超級強國」、五月十七日美國《商業週刊》以「中國──二十一世紀的經濟巨人」來稱讚中國經濟潛力時，更受矚目的是五月二十日《紐約時報》頭版的標題──「中國經濟規模，排名世界第三」。美國媒體一連串開闢特輯刊出來自中國的特別報導，多角度分析中國九○年代以來的經濟發展狀況和綜合實力。

再來是「三邊委員會」對中華經濟區的報告。三邊委員會（The Trilateral commission）成立於一九七三年，美國大通曼哈頓銀行總裁戴維．洛克菲勒和美國前國家安全顧問布里辛斯基是該委員會的兩個發起人。著名的〈三邊報告〉（Triangle Papers）在一九九四年發表「一個在相互依存的世界上崛起的中國」一文。這分報告認為，由香港、台灣和大陸南部構成的「大中華經濟圈」（亦即中華經濟區）是一個有吸引力的經濟區。儘管中國分成香港、台灣和中華人民共和國三部分，對於這三個地區來說，過去的十年（一九八四到一九九四）是令人驚訝的經濟一體化和經濟成長期。這分三邊委員會的報告，值得大陸和港台學者一讀。

(三)「中華經濟區」與「華人經濟圈」的概念差異

所謂「華人經濟圈」這個概念是模糊的，它泛指世界上的華人組成一個經濟圈或「華人經濟網路」。這種模糊概念很容易造成不良的政治後果。數百年來華人已散居於世界的各個地區，有些國家的華人人口相當可觀。據初步統計，目前在海外的華僑和華人總數不含港、澳、台三地就達四千萬人，且大多數都已歸化為當地公民。

如新加坡資政李光耀所言：「我們的祖先來自中國，經過兩三代人的時間，我們已在出生地落地生根。我們同本國，而不是同中國或祖籍國利害攸關。泰國華人是泰國人，他最終希望泰國會繁榮，這樣他在泰國的資產才會增加，他的子女在泰國的前途才會有保障。新加坡華人、印尼華人、馬來西亞華人和菲律賓華人也是這樣。他們可能經常到中國投資訪問，但很少有人要把中國當成自己的家園。」因此在概念上，一定要把大陸和港、澳、台三地的中國人，與東南亞華人和散居世界各地華人這兩者之間區別開來。即大陸和港澳台這兩岸四地形成的「中華經濟區」是有嚴格的區域定位；東南亞華人和海外華人形成的所謂「華人經

濟圈」並不包括在「中華經濟區」之內。

故「華人經濟圈」和「中華經濟區」這兩者之間存在著本質區別。即中華經濟區是中國一國主權範圍之內兩岸四地的經濟合作形式；而華人經濟圈則是中國主權以外的世界各國，尤其是東南亞各國華人的經貿活動和聯繫，二者絕不能也不可能等同起來。大陸與港澳台這四個中國人地區的經濟合作僅是一種次區域性經濟整合（sub-regional economic integration），僅是兩岸四地中國人之間的內部事務，對西方和東南亞絕不構成什麼威脅或不利影響，反而會有利於全球經濟一體化和區域化的歷史性進程。

二、從黃枝連「中國人共同體」到高希均「亞洲華人共同市場」的新構想

一九八〇年，香港學者黃枝連在他的《美國二〇三年——對「美國體系」的歷史學與未來學的分析》一書下篇中，首次提出「中國人共同體」這一新構想。當時他寫道，一個「中國人共同體」將在亞太地區湧現出來。這是因爲大陸、香港以及台灣三地的政治經濟體系的關係將日趨緊密。十年、八年之後，即在八〇年代後期，將在亞太地區出現那麼一個「中國人共同體」（The Chinese International Community）或者叫做「中國人經濟集團」（The Chinese

Economic Community）。而且鑑諸一九七八年以來的趨勢，包括在廣東和福建兩省建立「經濟特區」政策的提出，看來是一件可能的事情的。

自八〇年代後期以來，「中國人共同體」這一新概念在經歷了一般人們思考和研究過程之後，迅速成爲中國人和華裔人士議論的話題。同時，兩岸四地正發生前所未有的嶄新格局。即大陸改革開放，兩岸開始進行經濟交流和人員往來，港澳商人踴躍投資大陸，特別是港商在廣東珠江三角洲地區和台商在福建沿海地區的投資活動，正形成一種類似「歐洲統一大市場」或「北美自由貿易區」的中國人地區「經濟一體化」的社會現象。

一九八七年，香港大學亞洲研究中心主任陳坤耀教授提出「中國圈」；一九八八年，美國印第安那州立博爾大學經濟系教授鄭竹園提出「大中華共同市場」；同年，中國社會科學院台灣研究所所長陳億村在美國加州柏克萊大學提出「中國經濟圈」；同年十月，美國威斯康辛大學經濟系教授高希均提出「亞洲華人共同市場」；一九八九年，台灣的經濟日報社社長提出「大中華經濟共同體」。

進入九〇年代後，九一年，邱創煥提出「中華港經濟圈」的新名詞；九三年，美國普林斯頓大學經濟學教授鄒至莊發表〈中國與亞洲其他國家進入世界經濟整合〉一文，其目光更加遠大，視野更加寬廣，將「大中華」研究提升至亞太經濟發展和世界經濟整合的層面上進

行分析，並作了理論上的探討；九三年，台灣中華經濟研究院副研究員王健全發表〈台港大陸成立經濟共同圈之展望〉一文。

然而，在論及台灣如何與大陸和香港加強經濟聯繫，結成「大中華經濟圈」的具體對策及建議，以下幾位的具體建議及設想較具代表性：

（一）陳立夫構想建議

陳立夫是國民黨元老，已過百歲。他在一九八八年七月，國民黨的十三全代會期間，領銜由三十四名評議委員聯署，包括蔣緯國、陶百川、劉闊才、陳奇祿等人，向國民黨中央常委會提出一項關於促進兩岸合作和統一的議案。這分議案的核心內容是，台灣以美金五〇至一〇〇億元，經台灣的中國輸出入銀行，以五年長期低利貸款方式提供給大陸作發展經濟之用。共同成立「國家實業計畫推行委員會」，以奠定二十一世紀為中國人世紀的經濟初基，並在此基礎上，實現以中國文化為基礎的國家統一。

（二）魏萼的論文〈互動中的台海兩岸經濟關係〉

一九八八年九月，由香港中文大學工商管理學院和《台灣時報》聯合舉辦了一次「海峽兩岸社會經濟發展座談會」，有大陸、香港、台灣的學者參加。其中台灣的十三位學者包括當時《台灣時報》總主筆魏萼，以及東海、東吳、中興、輔仁等大學的學者和《財政雜誌》等新聞媒體的記者及一些企業家。其中魏萼提出〈互動中的台海兩岸經濟關係〉最引人注目。他認爲，台海兩岸的貿易與投資關係是一條非走不可的道路，雖然這是漫長又艱辛的路程，但也是台海兩岸中國人的黃金大道。其實，台海兩岸投資與貿易行爲早已存在，未來的發展趨勢將更爲明顯。因此，他強調，對台海兩岸經濟關係應作如下的籌劃：

①小台灣：在福建省的漳州、泉州和廈門等三角地帶，以廈門市爲中心。主要資金來源是台灣、香港和東南亞閩南籍華僑。

②小台北：在江蘇省長江口，以上海市爲中心。主要資金來源是台灣、香港等地的江浙人士。

③小九龍：在廣東省珠江口，以廣州市爲中心。主要資金來源是港九、澳門等地的粵籍華僑，輔以台灣的資金。

④小香港：在海南省東北角，以海口市爲中心。主要資金來源是港九、澳門等地的粵籍華僑，輔以台灣的資金。

⑤小韓國：在山東省膠州灣地區，以青島市為中心。主要資金來源是日韓等地華僑。
⑥小日本：在遼寧省瀋陽地區的腹地，以瀋陽市為中心。主要資金來源是日本的企業家。

若將上述小台灣、小台北、小九龍、小香港、小韓國、小日本等沿海經濟特區連成一線，徹底實施具有「中國特色」資本主義的台灣經濟經驗，必將有助於大陸的經濟發展。也符合大陸對於所稱「黃金海岸」的開發，提供「一陸兩制」的新構想。位居大陸東面的這條黃金海岸，從北方的遼東半島、渤海灣、山東半島，經長江三角洲，南到閩江三角洲、珠江三角洲，共有四億人口，近年來每年平均經濟成長率皆超過百分之十。這一廣大地區，擁有重工業、關鍵科技、豐厚資源、大量人才以及經濟特區，目前正以各種有利條件及前所未有的行動在吸引外資。我們如未捷足先登，就會失去一個投資與合作開發的好時機。

(三) 鄭竹園提出〈大中華共同體的構想〉

一九八八年六月，美國印第安那州立博爾大學經濟系教授鄭竹園希望以一個中國人為主的經濟共同體，能成為二十一世紀世界經濟舉足輕重的力量。於是分別在台灣的《中國時報》

和美國洛杉磯的《國際日報》發表專文，題爲〈大中華共同體的構想〉。

由於海峽兩岸經濟共同面臨的困境以及兩岸各自具有的優勢，兩岸應聯合起來。首先，從台灣方面看，經過四十年的高速發展，台灣經濟正面臨種種棘手問題，如：

①由於美國對外貿易逆差的不斷擴大，近幾年來保護主義節節升高。
②近十年來，台灣國民所得大幅提高，生產及工資水平已高於亞洲其他發展中國家。
③工業結構升級進展緩慢，國內投資意願偏低，龐大外匯資源及國內資金苦無出路。

與此同時，台灣經濟的優勢是，經過三十多年發展，台灣已成爲舉世刮目相看的經濟力量，具體表現在：

①一九八七年對外貿易達八百八十億美元，已占世界第十三位。
②外匯存底七百六十億美元，僅次於日本及西德。
③三十年來科技及管理人才有巨幅成長，再加上儲存在美、加和西歐十萬以上受過高級訓練的人才，更成爲一支龐大的力量。

再從大陸方面看，大陸經濟情況遠比台灣差，其經濟目前正面臨嚴重危機，如：

①人口激增，耕地急降。

②文盲激增，人的素質每下愈況。

③財源枯竭，內外債激增。

④生態破壞，環境惡化。

然而若將大陸與台灣相比，由於台灣資源缺乏，內部市場太小，處處受制於人，很難成爲經濟大國。大陸雖然處處落後，但經濟實力仍極豐厚。大陸目前所欠缺的爲資金、技術與管理人才，而這幾項正是台灣所具備。從總體來看，兩岸經濟具有相當的互補性，大中華共同市場的形成，可局部解決雙方共同面臨的困境。如果海峽兩岸能放棄偏狹的權力觀念，以振奮中華民族爲共同的歷史使命，承認對方爲一政治實體，經濟上的合作才能展開。如能以海外華人的資金、人才結合中國大陸的資源與市場，二十一世紀必將是中國人的世紀。

(四) 高希均提出「亞洲華人共同市場」的新構想

一九八八年十月，美國威斯康辛大學經濟系教授，台灣《天下》、《遠見》雜誌社社長高希均發表了一篇題爲〈中國人如何面對經濟壁壘？〉的文章，提出了建立「亞洲華人共同市場」的新構想。

高希均認爲，中國這頭睡獅比亞洲四小龍更重要。當時的國際情勢與世界市場已有了巨大的轉變。美蘇的核武裁減，社會主義國家的經濟改革，世界經濟區域同盟的擴大，貿易保護主義的蔓延，跨國企業發展的迅速，日本經濟實力之不可抵禦及軍事潛力之不可忽視。爲此，他引述了世界銀行發表的〈一九八八年世界發展報告〉進行分析，在人口超過一百萬的一百三十餘個國家與地區中，大多數國家仍陷於貧窮。巴西、阿根廷、智利、墨西哥等屈指可數的幾個國家曾有過曇花一現的經濟成長。眞正擁有持續成長的只有亞洲四小龍。其經濟成就有三個基本特徵：以外貿成長來帶動經濟，以市場經濟來誘導資源分配，以民營企業來扮演積極的角色。撇開南韓，另外三條小龍都有一個共同的分母：都是華人，或者以華人爲主的社會。

現在中國大陸即使面對經濟改革的重重困難，世界銀行在報告中仍對大陸的經濟情勢作了正面的評價。從全球經濟策略上來看，若要克服國內市場狹小，有效運用資源，減少保護主義衝擊，增加本身國際地位，最佳方法就是成立經濟同盟，如歐洲共同市場與美加自由貿易協定。在這樣一種世界經濟發展趨勢面前，高希均提出一些發人深思的問題：面對這樣區域性經濟結盟的興起與蔓延，面對世界市場這樣的瓜分與保護，分布在亞洲國家與地區的十多億華人如何自處？仍然堅持政治體制的不同而個別發展，受制於美、日等國？或者讓政治歸政治，設法形成經濟合作，凝結成一股前所未有的華人力量，爲中華民族爭世界一席之地？作爲一個中國人，尤其作爲要對歷史負責，對後代子孫負責的中國政治家，還有什麼課題比這個更重要？

三、「歐洲聯盟」的啓示

二十世紀上半葉的歐洲，曾陷入二次大戰烽火中，獨裁者當權，法西斯主義抬頭，經濟大恐慌的災難。今天彼此竟然能放棄歷史仇恨與民族優越，建立一個增進歐洲全民福祉的經濟共同體。我們對歷史的教訓不能忘，但不能永遠在它的陰霾下猶豫不前。一九九二年，中國人發現了改革開放後對人民的好處，中國人何時再發現兩岸共構中華經濟區後再一次對人民的恩典？

中華經濟區的崛起，並非偶然，而是因爲有一個合適的國際環境，即當代世界經濟中的區域一體化（regionalintegration）。在世界經濟和貿易領域，區域一體化進程從歐洲到亞洲，從大西洋到太平洋，一浪高過一浪。其中最引人注意的是，在業已全球化的世界經濟中，形成各異、規模不等的區域一體化經濟集團組織有三十多個，擠進這樣的經濟集團的國家和地區約一百四十多個，其中對世界經濟最有影響的有三大「經濟圈」，就是「歐洲經濟圈」、「北美經濟圈」和「亞太經濟圈」。這種世界經濟的區域化潮流，正是「中華經濟區」醞釀和產生的國際環境。

(一) 從地緣、人文、歷史、經濟了解歐盟

所謂歐洲經濟區，實際上是以歐洲共同體（European Community）為組織形式的區域一體化經濟貿易合作集團。從地理上看，歐洲版圖與中國面積差不多，但其內部卻有多個國家。在歐洲內部，這種政治上的多樣性，與其他地理條件密切相關。歐洲不像中國，不多見一望無垠的大平原，也沒有像黃河、長江那樣的大河流域，其地形支離破碎，山脈、森林和海洋把各種人口聚集中心分離開來，形成了一個個相對獨立的人口聚居和商業中心，從而分散了歐洲的政治權力。

歐洲各國的地理差異，造就了各地不同的經濟活動。由於北歐、中歐和南歐的氣候條件不同，各地的優勢產品也不一樣，特別適宜於商品交流。因而，在歐洲悠久的歷史上便形成了一種被市民社會所推崇的商業傳統。雖然歷史上的歐洲在政治上分裂為許多國家，但一直

保持著一種共同的歐洲文明，即新教倫理和共同的歐羅巴文化。從人文背景上看，歐州商業活動的日趨密切，極大程度地促進了歐洲各國文化的相互交融。由以上可知，宗教和文化上的同源與政治上的分立並存，成爲歐洲社會的一個重要特徵。

在這裡，從「歐洲觀念」到「歐洲經濟」再到「歐洲聯合體」，就是這一條歐洲統一的歷史文化發展的必然軌跡。以下就來敘述歐洲聯盟的形成及合作歷程。

(二)「歐洲聯盟」的組建過程

現在的歐洲聯盟，最早可溯源到一九四四年成立的「荷比盧關稅同盟」。其成員國荷蘭、比利時和盧森堡相互之間的經濟、文化以及政治聯繫密切而悠久。二次大戰期間，三國均被納粹德國占領，共同的患難經歷使他們更加感到相互之間存在榮辱與共的利害關係。在此情況下，三國流亡政府於一九四四年三國行將解放之際簽定了關稅協定，同意戰後建立關稅同盟，這一協定至一九四八年正式生效，一九四八年一月一日關稅同盟正式成立。在關稅同盟的基礎上，三國又分別在一九五四年和一九五六年簽定了關於資本自由流動和勞動力自由移動的條約；一九五八年，三國政府在海牙正式簽定了荷比盧經濟聯盟條約，決定建立一個包括人員、資本和勞務自由流通的經濟聯盟。一九六〇年十一月一日起聯盟條約生效，有效期限為五十年。關稅同盟促進了三國的經濟發展，相互間的經濟聯繫也更加密切。它的成功，為此後的一體化樹立了一個典範。

不久，歐共體應運而生，經過多年的醞釀及磋商，一九五七年三月二十五日，西歐法國、前聯邦德國、義大利、荷蘭、比利時、盧森堡六國首腦和外長聚會羅馬，簽署了「羅馬宣言」，宣布在荷比盧三國經濟聯盟的基礎上，歐洲共同體於一九五八年一月一日正式誕生，並不斷發展壯大，成為國際政治經濟生活中一支越來越重要的力量。此後十年內，六國經濟平均成長率為百分之五．五，而同期美國和英國分別為百分之四．三和百分之三．〇，英國為此與丹麥、挪威、瑞典、瑞士、愛爾蘭、奧地利等組建了歐洲自由貿易區，歐洲出現了兩大經濟集團對峙的形勢。

歐共體是一個開放的一體化組織。從六〇年代中期起，不少歐洲國家出於本國的政治、經濟需要，其成員國發展到十二個，範圍延伸到地中海地區的南歐，經濟實力大大增強，國民生產總值一度超過美國，成為世界上最大的經濟集團。

一九八五年，歐洲統一大市場計畫問世。統一大市場的建設，將歐共體的一體化進程推進了實質性的一步。

八〇年代中期，歐共體面臨的形勢很是緊迫：首先，歐共體雖已建立起關稅同盟，實施了共同農業政策，但離「羅馬條約」所設想的建立統一的共同市場目標還相差甚遠，很多障礙依然存在，比如：海關關卡、技術標準、關稅壁壘、待遇不同等問題的解決遇到了許多難題。正是上述障礙使歐共體實際上仍被分隔爲十二個獨立的市場，共同體各國企業得不到規模經濟和降低成本的全部好處，消費者也得不到自由競爭的好處。據共同體委員會發表的「白皮書」估計，由於內部市場未能實現而造成的損失約相當於整個歐共體國內生產總値的百分之五。

其次，在八〇年代上半期，歐共體經濟成長速度低於美、日及新興工業化國家，一九八一到一九八六年歐共體年平均成長率僅百分之一．五。在美國和大多數發展中國家市場不可能給歐共體帶來經濟成長的前景下，要振興歐共體經濟，就必須挖掘歐共體內部市場的潛力。

爲此，建立內部統一大市場的工作被提上日程。在一九八五年雅克．德洛爾就任歐共體委員會主席發表就職演說時，提出了建設內部統一大市場的構想。同年該構想得到布魯塞爾歐洲理事會的首肯，共同體委員會「關於完善內部市場白皮書」隨之問世。一九八六年二月，各成員國首腦簽署了在白皮書基礎上產生的「歐洲一體化文件」，此文件於一九八七年七月一日正式生效，以此爲法律依據，大市場建設加快了步伐。

歐共體和歐洲自由貿易聯盟兩個一體化組織於一九九一年十月二十二日共同宣告歐洲經濟區將誕生，這是一個占世界貿易額百分之四十二的自由貿易市場，是一個覆蓋了從北極到地中海廣大地域的擁有三．八億人口的大市場。歐洲經濟區計畫的出爐表明歐洲經濟一體化又向前邁出了一大步。

歐洲經濟區的建立，將意味著西歐十九個國家實現商品、人員、勞務和資本的自由流動，形成在世界上舉足輕重的自由貿易區，對歐洲乃至世界都將產生極大影響。

歐洲經濟區的建立無疑將加速聯盟國家加入歐共體的進程。歐共體現已發展成歐洲乃至世界上經濟和金融實力雄厚的地區性集團，其作為一個整體的統一性和機能不斷增強，對聯盟國家有強烈的吸引力，聯盟國家實際上已把歐洲經濟區看作是加入歐共體的跳板，準備隨時融入歐共體。而歐共體為確保並擴大其在歐洲的經濟利益和影響，增強與美、日抗衡的實力，也早已把聯盟國家作為今後發展充實的對象。

歐洲經濟區建立後，西歐地位將進一步增強。歐洲經濟區的建立意味著歐州統一大市場的擴大，將促使歐共體和貿易聯盟國家結成一個經濟、貿易金融和科技一體化的市場體系，有助於發揮和提高整體經濟、金融和科技實力的作用。一般估計，歐洲經濟區在九〇年代的經濟成長率將保持在百分之五左右，國內生產總值將超過六兆美元，西歐的經濟實力將超過美國。

西歐的國際事務地位也將得到提高。在歐洲經濟區協定中特別強調了在涉及重大國際和雙邊事務時，將由雙方外長舉行聯合會議協調立場。這一措施將進一步加強歐洲以「一個聲音說話」的趨勢，擴大歐洲在國際政治、外交和安全事務方面的影響。

在歐洲聯盟形成的過程中，舒曼提出「歐洲煤鋼共同體」的計畫，又稱「舒曼計畫」。此一計畫，可視爲目前「中華經濟區」形成的參考。它的方式跳脫政治的窠臼，從經濟利益與長遠未來爲著眼點。中華經濟區如選用這種模式，似乎可以避免政治意識形態的困擾，完成統一的初步階段。以下特將「舒曼計畫」提出來以供參考。

(三)「舒曼計畫」與「歐洲煤鋼共同體」

雖然關於歐洲統一的議論，在歐洲思想文化界已持續數百年之久，但因爲沒有一個具體實施的機構，文人、政客們的議論不免流於夢幻一般。然而，在二次大戰結束後不久，歐洲統一的議論開始從文人的書齋和書本裡，從政治家的講壇和宣言裡，逐步變爲一個令世人矚目的國際現象。歐洲文化一旦與經濟、政治相結合，便使「歐洲統一」的理想從務虛階段進入務實階段。

一九五〇年五月九日，法國外長羅貝爾．舒曼提出了一個建立「歐洲煤鋼共同體」的計畫，又稱「舒曼計畫」。根據這一計畫，將法德兩國的整個煤、鐵、鋼的生產置於一個共同的高級機構領導之下，同時，這個組織也對其他歐洲國家敞開大門。舒曼認爲：「煤、鐵、鋼生產的合併，自然是通向歐洲國家聯盟的初步階段，能立即爲擴大經濟建設創造共同的基礎，並爲這些國家的發展帶來轉機。這個計畫一旦實現，由於煤、鐵、鋼基礎工業生產的合併，以及建立了一個共同的機構——它所作出的決定對法國、德國以及所有參加這一機構的國家都具有約束力——就爲創建一個對於維護和平所必不可少的歐洲聯邦奠定了初步的、堅實的基礎。」

「舒曼計畫」一經提出，立即得到當時西德政府的支持，隨後得到義大利、荷蘭、比利時和盧森堡四國的響應。一九五一年四月十八日，歐洲六國外長在巴黎簽定了「歐洲煤鋼共同體條約」（即「巴黎條約」），決定：

①建立煤炭和鋼鐵的共同市場，取消關稅限制，調整運費率和價格，對生產進行共同干預。

②成立「高級機構」、「部長理事會」、「法院」和「議會」，高級機構代表成員國的共同

利益，享有相當廣泛的決策和執行權。

一九五二年七月二十五日，巴黎條約正式生效，「歐洲煤鋼共同體」宣告成立，這是歐洲統一的一個良好開端。它使歐洲人終於看到：一方面，煤鋼共同體開創了歐洲統一的先河，儘管這種統一的層次還比較低，但畢竟建立起了一個超國家的機構，而且這個機構能夠在一定範圍內和一定程度上協調不同國家的經濟活動；另一方面，煤鋼共同體的成立大大促進了歐洲各國資本的相互滲透，使各國透過經濟聯繫而相互接近和聯合的趨勢不可逆轉，從而爲歐洲統一的全面實現奠定了堅實的經濟基礎。

四、邁向「中華經濟區」的規劃

推動中華經濟一體化，建立統一的中華大市場，是正在進行著的兩岸四地經貿交流的終極目標。而這個目標的推動，不可躁進，須按部就班，由近到遠地規劃。

(一) 漸進式、局部性、由小到大的格局

中華經濟區必須是一個漸進式過程，而且世界上任何地區的經濟整合，也不是一蹴可幾，一帆風順地形成起來的，也要經過艱苦的談判和漫長的過程。範圍應該從小範圍、局部性先行，開始時，包括台、港、澳和大陸的閩、粵、桂三省或這三省的沿海開發區，這局部範圍達到目標後，再擴大至全國範圍，除港、澳、台地區外，再把整個中國大陸包括進去。因為經濟合作範圍大或小的問題，可以採取從小到大的實踐步驟來達到統一認識。

美加自由貿易區的構想早在一九四七年已經提出，但在一九八九年才正式簽署條約而形成美洲經濟區，其間經歷了四十多年；西歐六國最初於一九五一年成立「歐洲煤鋼聯營」，中間經過一九五八到一九八六年歐洲共同體的三次擴大，一直到一九九二年形成歐洲聯盟，一九九三年形成歐洲共同市場，其間也經過了四十多年的歷史。

故中華經濟區形成的漸進性表明我們既不能盲目樂觀，又無需妄自菲薄。因為我們建立中華經濟區，實現區域性經濟整合，雖然有它的客觀必然性和現實可能性，但也必將是一個緩慢發展和逐步推進的漸進式過程。西方工業革命花了二百年，聰明的中國人只用二十年就完成了。西方的經濟組合花了近半世紀的時間，我們要花多少時間來完成呢？

具體而言，中華經濟區在合作形式上可採取循序漸進的方法，分階段地自發、鬆散和低層次的雙邊合作，向「建制化」的雙邊互補型合作拓展。然後，再擴大爲雙邊與多邊交叉的結構型合作。在合作內容上可先從工業、農業和貿易的交流與合作起步，向交通、能源、通訊和金融等領域的合作拓展。透過大陸和港澳台三地的產業協調分工和內部市場開發，經濟、技術、資源互補與教育、文化交流，來實現生產要素（人員、資金、資源和市場等）的合理配置，以及經濟技術結構的協調與重整，從而不斷增強中華經濟區內經濟整合的內聚力與生長力，不斷發展壯大成爲全球經濟體系中一個最具活力的經濟「成長極」。

（二）由局部到全方位的規劃

由於大陸地域遼闊，各地情況差異太大，發展水平不一，大陸方面應首選基礎較好，條件相對成熟的局部地區與台灣、香港、澳門地區共同組建「中華經濟區」。從目前情況來看，大陸南方的福建、廣東、廣西、海南等地具有地緣等方面的諸多優勢。因爲：

1.地理人文背景

台灣海峽兩側及延伸至南海的海域同屬華南地區，其中的各省區彼此間的距離都很近。

閩台兩地間最近處僅九十七海浬，將來條件成熟時，可參照英法兩國間的英吉利海底隧道，闢建台灣桃園與福建大丘之間的海峽海底隧道。瓊（海南）港之間的距離也不過二〇〇多海浬，省港之間的距離則更近。最近距離莫過於雷州半島與海口，透過兩岸四地的資金與技術，可以開闢瓊雷海底公路隧道，加速海南省的開發，使之成為「東方的夏威夷」。

由於地緣關係密切，使得人文關係也十分密切。台灣漢族人口百分之八十以上的祖籍在福建。閩南語為台灣的主要方言。目前港澳人口多為粵籍，粵語是港澳主要語言。華南沿海諸地，地理人文關係的密切所帶動的經濟關係，至今源遠流長。這是中國其他地區所無法比擬的。

2.經濟運作趨勢

台、港、澳同是以資本主義自由經濟為主體的運行機制。以私有民營為基礎，市場導向，兩頭在外，開放程度高。而大陸的閩、粵、瓊三省是中國大陸改革開放時間最早、層次最高和五個經濟特區所在的省分。目前「兩頭在外型」企業和「三資」企業在華南三省的經濟中都占有較高比重。三省經濟運行機制與台、港、澳經濟運行機制的趨同性，使得諸地的經濟整合銜接較為容易。

3.經濟發展層面

就經濟關係而言，相當密切。閩、粵、瓊、台、港、澳間的關係向來就比較熱絡，尤其是大陸改革開放以後，這種經濟上的聯繫就日益增加，目前幾乎已到了密不可分的程度。據有關資料統計，自八〇年代以來，由於地緣人文的關係，廣東引進港澳資本最多，約占三省引進港澳資本的百分之七十左右。目前的香港製造業產值有百分之七十以上是來自轉移三省加工裝配的製造業。自一九八七年台灣開放赴大陸探親和放寬外匯管制以來，三省成了台灣企業投資大陸的熱門地帶。目前三省吸收的台資占台灣對大陸總投資的一半以上。台灣與香港的貿易往來一直十分密切。目前香港已成爲台灣第三大貿易夥伴和第二大出口市場，自一九九一年起，香港並成爲台灣最大的貿易出超地區。近年來，台港兩地雙向投資也愈來愈熱絡。台資在港大量收購公司和房地產，港資也在台灣大規模投資。香港已成爲台灣第二大外來投資者。以上均說明，華南沿海諸地之間經濟發展和條件相互依存關係，已到了相當密切的程度。這正是形成「中華經濟區」不可或缺的內聚性，也是在已經建立和正在建立中的區域性經濟組織中所不多見的。

4.進行產業合作

大陸的廣東、福建、海南這三省，與港、澳、台三地應依本身可以發展的良好條件進行產業合作。如廣東省可在現有的基礎上發展高科技工業、加工業及對內地轉口貿易；福建省可發展化學工業、二次加工業及對內地轉口貿易；海南省基於自身良好的地理環境可先發展旅遊業，然後發展原料工業、深加工業及對大西南和越南轉口貿易；澳門可優先發展旅遊娛樂事業，再來是休閒產業和會議中心；香港以金融中心、資訊中心、交通中心聞名，可在原有的基礎上擴大發展到旅遊業，國際會議中心和國際貿易；台灣方面則提升高科技產業，加強建設現代農業及發展國際貿易等。

(三)「次中華經濟區」的具體規劃

在全方位大中華經濟區尚未形成之時，各區可依優越的環境、良好的時機、具有競爭力的產業進行產業分工，互助合作形成「次中華經濟區」，以待時機成熟時，自然過渡到大格局的中華經濟區。以下就小範圍的布局進行說明：

1.珠江三角洲與粵港次經濟區的規劃

該區的著眼點放在產業經濟的整合。珠江三角洲與粵港經濟圈的經濟聯繫與合作表現在多方面，如：廣東引進外資的百分之七十至八十來自香港；珠江三角洲引進外資又占廣東的百分之七十以上。廣東和香港在經濟整合上的「前店後廠」格局，也是粵港經濟圈最明顯的。香港與廣東陸海空相連，廣東進出口貿易一直以香港爲主要市場。珠江三角洲的百分之八十貨物是從港澳出口的。

香港具有雄厚的資金實力。廣東由於地緣之便，導致粵港兩地的貨幣越境流通已相當普遍。廣東的珠江三角洲作爲中國最大的公路口岸，全國陸上外貿貨物，大部分經深圳進入香港。最近粵港兩地又面臨一次發展的新契機：香港回歸中國，兩邊關係更加緊密；廣東省正在進行未來十五年經濟社會發展的新規劃，其中與香港的經濟合作是一個重要內容。港粵人民樂觀地預測未來：由珠江三角洲組成的「大香港」鐵三角，將於二十一世紀開始，成爲全球經濟成長最迅速的地區，繼亞洲四小龍之後成爲東亞第一大虎。「大香港」的面積和人口相當於一個德國，極可能跨越二十一世紀後領導亞洲。

2.海南省與港澳台次經濟區的規劃

海南島原是一個經濟落後、交通閉塞的海島。一九八八年建省並創立大陸最大的經濟特區，範圍涵蓋全島。中國國務院並發文宣布，對海南經濟特區實行比現有特區更加優惠的政策。海南島地處一隅，中央鞭長莫及，較少受舊體制的束縛，更能適應市場開放後的競爭。海南省具有獨特的地理條件和自然資源，並由此形成和創造其本身的產業優勢。早在海南大特區設立之初，即擁有特區立法權，把政策優勢透過立法變為法律優勢。

香港現在不僅成為海南最大的海外投資來源地，也是最大的貿易夥伴。海南最想與香港合作的是「自由貿易區模式」，因香港是世界上辦得最成功的自由港。海南想建設成為香港，連結國內外市場的橋樑，成為組織國內外商品流通轉口的樞紐，成為引進外國先進技術和管理經驗的中繼站，發揮類似香港的國際性貿易、交通、訊息、旅遊的多功能經濟中心的作用。

海南省吸引的外資中，台灣資本占第二位。擴大瓊台合作，主要是為了實現兩島在自由貿易中的經濟互補。海南加強與台灣的經濟合作，有利於借鏡和吸收台灣的經驗，推進海南向綜合型自由貿易區發展。瓊台現階段的合作，應先從農業及金融方面著手。然後再擴大到全面性的國際共同開發階段。

3.東南沿海與港澳台次經濟區的規劃

上海是大陸最大的經濟中心，帶動長江流域經濟騰飛的「龍頭」。人家說「八〇年代看廣東，九〇年代看浦東」，我說，跨越二十一世紀要看崇明島，大陸須將崇明島開發成美國的曼哈頓區，使之成爲中國的華爾街。

上海需要港澳的資金、應用技術及管理經驗，港澳需要以上海爲龍頭的大陸腹地的資源與市場，且港澳的產業結構調整也需要上海的高科技成果。故滬（上海）、港、澳三地可互助合作，截長補短，促進三地經濟的共同發展，並將爲「中華經濟區」的繁榮和穩定先打下基礎。

福建是中華經濟區內離台灣最近、最爲便捷的地區。雖然現在「咫尺天涯」，但兩岸三通是趨勢，基於政治或經濟原因，台海海底隧道一開通，中台兩地最短的直線距離就是台灣、福建。台、閩兩地的互通可以達到相乘的經濟效益，如可實現港口互補，「裕隆」在福州、廈門的汽車可直航基隆，回銷台灣；兩地勞力、人才可以互補，可聯合開拓大陸市場；在產業上可以互補，合作。台閩經濟合作是中華經濟區的最重要組成部分。

4.環勃海灣次經濟區的規劃

環勃海灣有很多很好的經濟優勢，不下於其他經濟區域，某些方面甚至勝過他們：

①有很密集的二十幾座大中城市群，城鄉人口約一億。如天津、大連是大中城市的代表。

②有很優良的港口群，是一個國際航運中心。如天津港，以及北方最大的不凍港——大連等。

③有很豐富的自然資源。如石油、煤、鐵、棉、糧等。

④有很好的工農業基礎。如東北三省自民國以來，即是重工業的發展中心。

⑤有很多外資企業，尤其是著名的跨國企業投資。如日本松下、日立、豐田、美國摩托羅拉等。

⑥改革開放以來，進出口貿易有很大的進展。這裡雖然沒有成立特區，但幾個城市的開發區，成績都很突出，如天津唐沽經濟開發區、大連經濟技術開發區，規劃完善，條件優越，不少國際性大企業都已進駐。如美國摩托羅拉公司、台灣統一企業、頂新集團、日本本田機車在天津；日本松下、三洋、日清工業在大連等，及韓國財團集中在

山東半島、遼東半島開發。

環勃海灣本身有優越的地理環境，充分加以發揮，同時再利用日、韓、港、澳、台的雄厚資金與技術，開創新格局，就會後來居上。外資企業也可利用充沛、廉價的勞力，鄰近原料產地的優勢，及臨近天然港口運輸方便的有利條件，發揮產業互補的作用，達到雙贏的目的。

五、「中華經濟區」的燃眉之急和未來發展

在中華經濟區形成的緩慢過程中，仍有一些當務之急是必須認眞處理和解決的。不然便可能依然以純粹空想、「海市蜃樓」式的形態跌跌撞撞地來到二十一世紀。

(一) 有待解決的難題

這些當務之急首當其衝的便是：兩岸用「求同存異」的務實作法處理兩岸經貿關係。雙方在制定兩岸經貿關係政策時，不要附加使對方難以接受的政治條件。全面三通如果仍無法

達成共識，可考慮從局部定點通商做起，至少要把已經存在的直接通商予以合法化、規範化，放手讓台灣工商企業界人士對大陸市場進行選擇。台灣單方面宣布「小三通」，尚未得到大陸共襄盛舉，有待努力。

在充分認識「中華經濟區」形成的可能性的同時，也要充分了解可能遇到的阻力和困難，並設法敦促大陸、台、港、澳四方協力排除障礙。當前四個地區存在著不相隸屬的政治機構，社會政治，經濟制度也不一樣。很明顯，四方當局因政治上的目的而採取配合或不配合的經貿和財稅政策，其結果對創建中華經濟區的進程，具有關鍵性的影響。

海峽兩岸的政治因素是組建中華經濟區遭遇阻力的總根源。兩岸政治目標差異是遠程的問題，如何克服它對近程的經濟合作所造成的不利影響，則是非常重要的。可行方式分以下幾點說明。

首先，進一步改善雙方關係，給中華經濟區的順利產生創造有利條件。同時應進一步擴大互相探親、旅遊、文化、科技、體育等方面的交流，以逐步消除兩岸人民的隔閡，提高兩岸高階領導人物的互訪，營造良好的氣氛。

其次，為了推動兩岸經濟合作順利發展，促進中華經濟區早日產生，兩岸當局應主動檢討和解決目前兩岸經貿中出現的政治及意識形態問題。對台灣來說，最主要的問題是檢討日益緊張的「兩國論」。「兩國論」使雙方箭拔弩張，把人民安全提到戰爭前沿。對大陸而言，主要是健全台商投資保障的法律及修憲，把「一國兩制」從憲法中剔除。不要把台灣二千三百萬人民不願意的事，強加在台灣人身上，台灣對「一國兩制」的深惡痛絕，大陸當局應能體會。

再者，率先實現粵、港、澳三地的區域經濟整合，建立以華南區域經濟合作爲重點，逐步推動經濟合作。廣東及華南地區與港澳二地相鄰，從歷史到現在的相互經貿關係極爲密切，再加上作爲大陸開放前沿和經濟發展最快地區，都具有遠較內地其他省分優越的條件。短期內中國難以全面鋪開區域經濟整合，而宜採取有重點、分階段、依序推進的辦法。

此外，不要把事務性的問題提到政治層面去探討。應從只要符合兩岸人民共同的利益，就應放棄意識形態或法統之爭。例如通郵方面大可不必計較郵票、郵戳等問題，不必把郵件直送大陸視爲台灣承認中華人民共和國而自降爲地方政府；或把由大陸直接打電話到台灣，就看成大陸承認中華民國等。

最後，儘快建立海峽兩岸的常設性區域經濟合作的協調機構，及企業間往來跨省區的半官半民的協調機構，俟時機成熟再融合各機構併入政治機構，提上統一之路的議程。

排除政治上的阻力或取得其助力，是建立中華經濟區不可忽視的一個工程。而四個地區協力排除種種障礙，使各區的經濟在統一規劃下，有步驟地成爲能發揮各自優勢，截長補短，互助互利的一種經濟聯合體，則是更爲重要的工程。經濟上的合作或聯合直接牽涉到企業界和人民的利益，因此它必須建立在各個地區經濟充分自主的基礎上，而且通過聯合的運作，在總體上給各個地區帶來利益，聯合體才能存在下去。

在中華經濟區內除商品外，其他要素如資金、勞務、技術等的流動也應是逐步走向自由的。從組織形式上看，中華經濟區有必要建立一種協調機構。使大陸、台、港、澳的經濟納入一定機構的指導下，有計畫、有組織地推動合作。因此，需由大陸、台、港、澳四方推出代表組成中華經濟區促進總會。並成立各地區的協進分會，來擔負上項任務。目前可藉現有的海峽兩岸協調機構，諸如大陸的「海協會」和台灣的「海基會」爲基礎，經協商產生一個具有民間性質又有官方授權背景的常設機構。因爲目前的「辜汪會談」政治干擾太大，情勢太不穩定，不是常規性的。因此，這一協調機構，應主要由大陸、港、澳和台灣兩岸四地經貿部門、企業家和學術界代表組成。

爲了保證各個地區經濟上的獨立自主，在促進總會中每個地區只擁有一個投票權，協議內容牽涉到四個地區時，須四方一致通過始生效，任何一方都有否決權。但協議內容若僅涉及三個地區時，只需有關三方贊成即可通過執行。只涉及兩個地區的雙邊協議則不列入總會議程。中華經濟區促進總會具有半官半民的性質，其委員人數經協商確定；促進分會由各地區的經貿部門官員和民間有關同業公會的代表組成，其委員人數各地區自主確定。

這個機構現階段主要工作職能是，共同協調區域經濟內的水、電、路、橋和機場、港口、環境保護基礎設施建設，協調各項經濟政策調整和經濟合作聯繫。每年一度對區域經濟整合的模式、途徑和策略、步驟進行理論分析，提出可行性的方案設計，供兩岸四地的政府決策機構參考實施。其工作中程的主要任務是，制定中華經濟區的遠景規劃；對四個地區的金融、資金、技術、勞力、原材料、資源開發、交通運輸、資訊、工農業生產、外貿、內外市場體系、稅務等經濟要素進行研究分析，擬定合作項目，制定推行計畫，責成各促進分會進行；提出因地區經貿政策、財稅政策、通關政策等的差異而妨礙經濟合作的因素，並擬訂消除的辦法，建議各有關部門實施。長期的主要任務則是在良好的條件發展下，任務得到充分的發揮，其他有利於兩岸四地的官方議事機構來處理，本機構即自動消失或併入更大的政府機構來運作。

目前中國大陸使用人民幣，香港流通港幣，澳門使用澳元，台灣亦發行新台幣。展望未來，若中華經濟區形成後，漸進式地依中華經濟區內的兩岸四地，未來發展趨勢也應當是流通一種中國人自己的新的統一貨幣。我們姑且稱之爲「華元」或「華幣」。

(二)「中華經濟區」請「中華開發」主導，趙耀東當促進總會會長

展望未來，中華經濟區內的兩岸四地應簽訂一個「北京協議」或「台北協定」，並由大陸目前負責港、澳、台事務的常設機構——國務院港澳辦公室和台灣事務辦公室，以及港、澳、台三方目前主管有關中國大陸事務的機構，聯合組成一個「中華經濟區」的協調委員會或聯席會議，我們暫時叫它「中華經濟區促進總會」。台灣方面我認為應該由「陸委會」授權給「中華開發公司」主導，請趙耀東先生擔任代表，積極參與「中華經濟區促進總會」的運作。其主要職能是經常性磋商，二〇〇〇年港澳已回歸中國之後，台灣與該地區及中國大陸的合作問題，包括共同處理國際事務及經濟性問題，主要包括下列幾項：

①由四地的專家學者成立一個「中華經濟區」研究小組，提出詳細的研究報告，以供四地有關當局參考。這項工作可以立即展開。

②專家小組的建言，儘快著手建立協調委員會。四方談判小組在達成協議後，再交由四方的代表簽署經濟區的文件。

③由協調委員會決定成立各專業分組委員會，各分組委員會提出工作範圍內的合作文

件，供協調委員會審議，然後交付四方代表簽署並實施。

④協調委員會的日常工作由四方組成的秘書處負責。協調委員會每年至少開會兩次，緊急情況下可召集臨時開會。

⑤遇有重大爭議事宜，由仲裁委員會提出處理意見，交協調委員會討論議決。

⑥各分組委員會實行全數表決制方式作出決定，協調委員會採取一致的方式作出決定。

爲什麼我提出在「中華經濟區」的架構下，台灣方面應由「中華開發」主導，趙耀東代表台灣出席「中華經濟區促進總會」，有如下的背景分析。

「中華開發公司」成立近四十年，一直配合政府發展經濟政策，扮演前瞻性與開創性的角色，參與每一時期策略產業的投資，承擔初期的創新風險，如一九六〇年代的化纖工業，七〇年代的石化工業，八〇年代的資訊工業。九〇年代鑑於台灣經濟結構轉型，中華開發除了繼續擴大投資電子科技產業中的半導體、印刷電路板、筆記型電腦及萌芽期的電子零組件、原材料產業外，同時將觸角擴及重化工業的鋼鐵上游原材料，及潛力日增的服務業，如航空、航海運輸、無線電訊、金融周邊服務業及工商綜合開發區等。

到一九九七年底，中華開發在台灣投資約一百九十四家，投資金額近二百八十四億台幣；專案投資二家，約三十一億元；海外投資二十三家，約二十七億元；合計二百一十九家，總投資額達三百四十二億元。對促進台灣經濟發展與產業升級確有相當之貢獻。目前中華開發是台灣最大的投資組合公司。

中華開發不僅在台灣是頭號公司，在世界也列五百強之林，兩岸政治環境處於弔詭之際，請中華開發身先士卒，衝破政治陰霾，以經濟力量引領政治氛圍帶上軌道運作，是兩岸人民所樂意看見的。

此外，由台灣的「中鋼」和大陸的「首鋼」、「寶鋼」、「上鋼」、「武鋼」合組「中華鋼鐵聯營公司」。「中鋼」是台灣民營業者的龍頭老大，其業績是民營製造業中的佼佼者。一九九八年營業額九百八十五億台幣，名列台灣製造業第三，稅後純益一百八十三億台幣，占國、民營中第三位，民營榜首。其輝煌業績在前面「中鋼」及「趙耀東」等章節裡已有說明，不再贅敘。現在要敘述的是大陸的鋼鐵公司。

日本「新日鐵鋼鐵股份有限公司」，是一九七〇年由「八幡」和「富士」兩家鋼鐵公司合併而成，是目前世界上最大的鋼鐵公司。「韓國浦項鋼鐵」、「英國鋼鐵」、「法國鋼鐵」、「德國鋼鐵」分居世界二、三、四、五名，大陸的「首都鋼鐵」及台灣的「中國鋼鐵」則尚無法排入名次，更不用說其他鋼鐵公司了。

世界級大鋼鐵公司，多是通過聯合兼併重組而形成的，幾乎沒有一個是靠內部擴張來實現。中鋼如與首鋼、寶鋼、上鋼、武鋼聯營或合併的話，將會是世界第一大鋼鐵廠。這樣中鋼不僅可以解決原料供應的問題，也可發揮擴大目前的產能。目前鋼鐵工業強調企業大型化、集團化，降低生產成本，提高生產率是一種趨勢。中鋼具有以上的優勢，加上廣大的大陸市場是中鋼垂涎已久的對象。目前大陸鋼材在其國內市場占有率為百分之九十，但鋼質粗糙，品質低劣，正是中鋼拓展市場的好時機。目前僅韓國浦項在大連、張家港、浙江、順德等地建立六家鋼鐵合資企業。

大陸的鋼鐵廠，除首都鋼鐵在北京外，寶山鋼鐵、上海鋼鐵和武漢鋼鐵均處於長江中下游，有共同的市場利益，都是國家重點鋼鐵企業，有較強的實力。目前，寶鋼的勞動生產力已在世界居於一流水平，如果中鋼能跨海聯合經營，除能滿足本身的需求外，還可完成一項「國家統一」的任務。如將兩岸鋼鐵的生產置於一個共同的機構之下領導，鋼鐵生產的合併，自然是通向中國統一的初步階段，能立即為擴大經濟發展創造共同的基礎，並為兩岸四地的發展帶來轉機。

趙耀東領導過中鋼，曾任經濟部長、經建會主委，都有相當亮麗的成績，如委他構建「中華經濟區」的大任，將是不可多得的人選。中鋼與大陸各鋼鐵廠的聯合經營則可請傅次韓先生擔綱，傳次韓在中鋼的表現也令人刮目相看。前國民黨大掌櫃劉泰英先生雖已卸下職務，但仍可更上一層樓，委以重任，如此即能克竟全功。

目前世界上已有的區域經濟整合形式大體可分爲五大類，或五個發展階段，即自由貿易區、關稅同盟、共同市場、貨幣聯盟、完全政治整合。最典型也是最成功的「歐盟」已經進入第四階段——統一貨幣和貨幣政策的貨幣聯盟階段。「他山之石，可以攻錯」，別人成功走過的路，讓我們一路走來，較不會失敗。

如果中國大陸、台灣、香港和澳門能朝向經濟統合的目標循序漸進地發展，以目前十三億人口，總計六千多億美元國民生產總値爲基礎發展，到二十一世紀初期，兩岸四地共同建立起來的「中華經濟區」，規模經濟的力量可望直追日本，並終將迎頭趕上美國。

一個讓中國人揚眉吐氣的「中華世紀」將隨之到來。

亞太經濟合作會議

在資訊革命浪潮的推動下，近年來，世界經濟出現了全球化、集團化和區域化的趨勢。

以世界貿易組織、國際貨幣基金會和世界銀行爲架構，全球經濟正在迅速形成一個整體，即全球經濟一體化。目前世界上，以各種形態、規模不一的區域性經濟一體化組織共有三十多個，參與這些組織的國家和地區約一百四十多個。其中有些國家，可能同時參加好幾個不同的組織，如美國、加拿大等。

一、「區域經濟一體化」的進程

區域經濟一體化起源於第二次世界大戰之後，發源於歐洲，以後發展至世界各地。九〇年代以後區域經濟一體化規模越來越大，甚至出現了跨洲際、跨區域的全球化經濟組織。「區域經濟一體化」是指經濟世界性的聯繫趨勢，它既指區域一體化組織的具體經濟活動，也指全球的國與國之間、地區與地區之間既競爭又聯合的關係。可以說，世界經濟的一體化進程正在成爲二次大戰後世界政治經濟格局中最爲重大的變革，並將對多極政治格局的形成產生極其深遠的影響。

二次大戰後，隨著生產力飛速發展，國際專業化分工漸趨明確，國際貿易明顯增加，各國經濟的相互依存和相互滲透不斷加強，越來越多的經濟活動跨越國界，世界經濟逐步融爲一體。但是「地緣現象」在這種形勢下不僅沒有消失，反而有越演越烈之勢，由於地緣因素的影響，使一些相臨的國家形成了經濟聯繫格外密切的集團，並最終達成有組織的整體。

什麼是「區域經濟一體化」？它主要是用來指一國之內各地區間的經濟融合，或是幾國之間就單一商品所進行的經濟合作。區域經濟一體化組織與跨國公司的區別在於，區域經濟一體化組織是由幾個國家的政府直接出面，它們基本上是由地理上緊密相連，在經濟和政治上有著共同利益的國家，通過締結國際條約結成的組織；跨國公司則是私人財團利用它所控制的大企業，其活動越出一國範圍，以兼併或合資的方式，在國外設立分支機構，從事國際規模的生產和銷售以代替通常的商品出口。

除了以上主要區別，還有其他區別，如區域經濟一體化組織與部門或產品聯合組織不同；地區經濟一體化組織與國際經濟組織不同；地區經濟一體化組織與國際政治組織的不同。目前世界各洲依地理環境、歷史條件及人文背景而形成的區域經濟一體化，正加快整合的腳步。以下說明各洲區域經濟一體化組織的形成與發展。

二、世界主要區域經濟一體化組織

(一)歐洲經濟區的形成

歐洲經濟區，實質上是戰後五十年來形成的世界三個區域性經濟貿易合作集團之一。與北美經濟區和亞太經濟區相比，是形成歷史最早，機構最爲正規，效益最爲明顯的區域一體化組織。然而，歐洲經濟區的形成也有著一個較長歷史的、不斷完善的、至今仍未終止的進程。以下分別敘述幾個在歐洲所形成的經濟區：

1. 歐洲統一大市場

在八〇年代上半期，歐共體經濟成長低於美日等新興工業化國家，一九八一到一九八六年五年多時間，歐共體平均成長僅爲百分之一．五。要振興歐洲，必須挖掘歐洲市場的潛力。爲此，歐共體主席德洛爾於一九八五年提出了建立歐洲統一大市場的構想，經過歐共體各國反復磋商，歐共體於一九九三年元月一日正式建立了由十二國組成的、三．四八億人口的「統一大市場」，一九九五年又接納了奧地利、芬蘭、瑞典三國。

歐洲統一大市場雖然已經建立並啓動，但仍有諸如法律、稅率、資本、貨幣、人員流動諸多問題需要解決。據權威人士分析，歐洲統一大市場在廿世紀末建成，二十一世紀初將覆蓋全歐洲。

據歐洲統計局一九九五年一月二十三日公布的估計數字，歐洲聯盟工業生產一九九四年比一九九三年成長百分之五．二，這一成長趨勢可望保持下去。一九九五年三月，歐盟又與土耳其簽訂了關稅同盟協議。

2.獨聯體經濟同盟

獨聯體包括十二個成員國（格魯吉亞後來加入）。由於各國資源和產業極不平衡，獨立後合作減少，使各國經濟產生嚴重下滑，物價上漲，人民生活水準急劇下降。爲了加強協調和聯繫，一九九三年九月二十四日，獨聯體經濟同盟在莫斯科成立。獨聯體十二個成員的首腦全部參加了這次會議。俄羅斯、白俄羅斯、哈薩克斯坦、烏茲別克斯坦、吉爾吉斯坦、亞塞拜然、塔吉克斯坦、亞美尼亞和摩爾多瓦九個國家在協議上簽了字；烏克蘭和土庫曼斯坦準備作爲聯繫成員國，格魯吉亞表示願意加入獨聯體經濟同盟。經濟同盟的總部設在白俄羅斯首都明斯克。

獨聯體成員國已認識到協調互補的重要性，但是，要眞正建立起協調的經濟同盟，尚需長時期的努力。

3.荷比盧關稅同盟

荷蘭、比利時、盧森堡於一九四四年締結「荷比盧關稅同盟」。該同盟於一九四八年一月一日起開始運作，按協議，三國之間取消所有關稅，對外實行統一的、在西歐最低的對外關稅率。一九五三年，三國又簽訂了關於協調經濟和社會政策的決議，和關於在同「第三國」進行貿易時執行統一的貿易政策以及由此產生的支付政策的議定書。一九九〇年三國總人口約二千五百一十三萬人。荷比盧小區域的一體化奠定了歐共體產生的基礎。

4.經互會

一九四九年一月五日至八日，保加利亞、匈牙利、波蘭、羅馬尼亞、蘇聯、捷克斯洛伐克的代表在莫斯科舉行會議，決定建立其共同的經濟機構——經濟互助委員會，簡稱經互會。於是，戰後世界經濟領域的第一個經濟一體化組織「經互會」正式宣告成立。隨後，東德於一九五〇年九月、蒙古於一九六二年六月、古巴於一九七二年七月、越南於一九七八年六月加入，成爲一個跨洲的一體化組織。另外，阿爾巴尼亞也曾於一九四九年二月加入，但自一九六一年十二月起不再參加經互會的活動；寮國、安哥拉、埃塞俄比亞、北韓、葉門民主人民共和國、阿富汗和尼加拉瓜等國派觀察員參加。中國大陸也曾在一九五六至一九六一年期間以觀察員身分參加這個組織的例行會議。該組織於一九九一年宣告解散。

5. 歐共體

一九五七年三月二十五日，法國、德國、義大利、荷蘭、比利時、盧森堡六國政府首腦和外長聚會羅馬，簽署了關鍵性的「羅馬條約」，宣告歐洲共同體於一九五八年一月一日正式誕生。此後，又有英國、丹麥、愛爾蘭、希臘、葡萄牙和西班牙相繼加入，使歐共體成員國擴大爲十二個。一九九〇年十二國總人口約爲三．四三億。歐共體已成爲國際政治經濟生活中一支越來越重要的力量。

6. 歐洲自由貿易聯盟

一九六〇年一月四日，奧地利、丹麥、挪威、葡萄牙、瑞士、瑞典和英國正式簽署「建立歐洲自由貿易聯盟公約」，宣告聯盟於同年五月三日正式成立。此後，英國和丹麥於一九七三年一月、葡萄牙於一九八六年一月退出聯盟加入歐共體，另有冰島、列支敦士登、芬蘭加入聯盟，成員國仍爲七個。一九九○年七國人口合計三千二百一十萬。

該組織的宗旨是：在聯盟區域內實現成員國之間工業品的自由貿易和擴大農產品貿易，保證成員國之間的貿易在公平競爭的條件下進行，發展和擴大世界貿易並逐步取消貿易壁壘。

該組織自成立以來，廣泛開展了促進內部貿易的活動，並從七○年代起與歐共體加強了聯繫和合作。

（二）美洲經濟區的形成

嚴格來說，美洲經濟區包括兩大部分：一是由美國、加拿大和墨西哥三國組成的北美自由貿易區；二是由拉丁美洲各區域性經濟合作集團構成的拉丁美洲地區一體化組織。自八○年代以來，美洲經濟區的發展進程亦令世人矚目。

北美自由貿易區協定的簽訂，標誌著九○年代世界經濟貿易之區域一體化的進一步發展和突出成就。北美自由貿易區的形成過程中，美國是其中的主導國家；美國積極推動北美自由貿易區的形成，有其固有的政治動機。

現在拉丁美洲區域一體化仍處於較低階段，主要是在政府內進行，而各國企業家並未充分參與。拉丁美洲區域一體化並不存在一個超國家的權力機構，如部長理事會、議會、法院等，這與歐洲共同體「歐盟」情況完全不同。下面分別說明在美洲地區所成立的經濟區域一體化組織。

1. 北美自由貿易區

歐共體宣布成立統一大市場後，北美洲、南美洲、亞洲和非洲等地紛紛仿效，相繼組建各種區域經濟集團。

一九九二年八月十二日，美國、墨西哥和加拿大三國達成北美自由貿易區協定。一九九三年十一月二十四日，三國議會又分別完成了對該協定的批准手續。按照協定，三國將在十五年內，分三階段取消關稅及其他貿易壁壘，實現商品和勞務的自由流通。

北美自由貿易區是世界上最大的自由貿易區之一。它擁有三個國家和三．六三億人口。其面積達二千一百三十多萬平方公里，區內生產總值達六．四五兆美元。

2. 中美洲共同市場

係由中美洲的哥斯大黎加、瓜地馬拉、宏都拉斯、尼加拉瓜和薩爾瓦多五國組成的發展中國家區域性經濟合作組織。一九六〇年十二月十三日瓜地馬拉、宏都拉斯、尼加拉瓜和薩爾瓦多在尼加拉瓜首都馬拿瓜簽訂了「中美洲經濟一體化總條約」（即馬拿瓜條約），條約於一九六一年六月三日生效。一九六二年七月哥斯大黎加也簽署了該條約。上述五國於一九六二年八月二日在哥斯大黎加首都聖約瑟簽訂了建立美洲共同市場協議，「中美洲共同市場」正式宣告成立。總部設在瓜地馬拉城。一九九〇年該組織人口約二千六百二十四萬。

中美洲共同市場的宗旨為取消成員國間主要對製成品的關稅壁壘，成立中美洲自由貿易區；對本組織外國家的產品實行共同稅制，組成關稅同盟；統一財政政策；通過統一的工業鼓勵協定協調各國的工業政策，同時採取農業的協調發展。

組織成立初期，成員國之間的貿易取得了明顯進展。一九六五年有百分之九十四的商品列入自由貿易範圍，互免關稅；一九六六年實行共同對外關稅；五國間的進出口貿易額成長很快；地區內製成品的貿易額成長，明顯地促進了工業部門的擴展，為增加就業和收入做出了重大貢獻。但放寬貿易限制後的利害不均，使各國間的磨擦增多，有些國家之間的邊界糾紛又造成關係緊張；一九七三年石油危機的衝擊和隨後的世界經濟衰退，使一體化進程進一步受挫。

從一九七三年起，各國為爭取恢復和發展一體化活動進行了多次努力。同年五國成立了「重建共同市場高級委員會」。一九八〇年決定加緊研究恢復中美洲共同市場，並決定如果沒有任何國家宣布廢除，一九八一年期滿的「中美洲經濟一體化總條約」將永遠有效。然而，繼一九七九年尼加拉瓜政權更迭後，薩爾瓦多和瓜地馬拉等國政局動盪，加上該地區產品出口狀況不佳，使該組織的一體化進程面臨困難。

3.安第斯條約組織

南美洲安第斯山地發展中國家的區域性經濟合作組織，又稱安第斯集團、安第斯共同體。一九六九年五月二十六日玻利維亞、智利、哥倫比亞、厄瓜多爾和秘魯五國在哥倫比亞的喀他基那市簽署了「安第斯區域一體化協議」（即安第斯條約或喀他基那協議），並組成了安第斯集團。同年十月十六日協議正式生效，總部設在秘魯首都利馬。目前有成員國五個：玻利維亞、委內瑞拉、哥倫比亞、厄瓜多爾和祕魯。一九九〇年該組織人口合計九千一百四十九萬。

該組織的宗旨是：加強成員國之間的經濟合作，最大限度的利用本地區的資源，加速發展成員國的經濟；制定共同的對外政策，反對外來干涉和政治經濟壓力，增強對工業大國的談判能力。

七〇年代，安第斯集團通過多種發展計畫，促進成員國經濟成長。先後通過的計畫有：

發展機器製造業工業計畫、發展石油化學工業計畫、建立汽車工業體系協定、建立安第斯儲蓄基金協定和計畫等，並成立了加強交通聯繫的地理一體化委員會和農牧業委員會。八〇年代以來，爲消除世界經濟危機的影響，安第斯集團加強了成員國在鋼鐵、肥料、食品等生產領域的發展，加強了科技進步和人才培養方面的合作。

安第斯集團一九七〇年底通過「對待外資共同條例」，對外資投資範圍、利潤匯出比例、股權等方面都作出了比較嚴格的限制。因政策上的分歧導致智利於一九七六年退出該組織後，安第斯集團對條例進行了修改，對外資有所放寬和調整。

安第斯集團一九八七年五月通過了對十八年前簽署的喀他基那條約進行修改的基多議定書，重新確定了自己的發展方向。這項綱領的內容是調整安第斯集團經濟，以使其適應於一體化進程有關的各項工作，具體地說，就是制訂了取消貿易限制的計畫，調整生產結構的計畫和擴大工業規模的計畫。另外，還取消限制外國投資的決議，實行吸引外國投資的政策。

安第斯集團成員國之間的政治合作也不斷加強。一九七九年成立「安第斯議會」、「安第斯集團外長委員會」，在拉丁美洲乃至第三世界的政治經濟事務中發揮日益積極的作用。

安第斯集團同加勒比共同體、中美洲共同市場加強經濟合作；參加了拉丁美洲經濟體系、拉丁美洲一體化協會等組織的活動；還發展與發達國家及其它經濟合作組織的聯繫，與歐共體成立了安第斯——歐洲聯合秘書處，從歐共體得到了財政和技術援助。

4.加勒比共同體和共同市場

一九七三年四月，在圭亞那舉行的第八屆英聯邦加勒比地區政府首腦會議通過「喬治敦協定」，決定建立「加勒比共同體」和「加勒比共同市場」，以取代一九六八年五月成立的「加勒比自由貿易協會」。一九七三年七月，巴巴多斯、圭亞那、千里達和托貝哥、牙買加簽署了「查瓜拉馬斯條約」，同年八月一日宣布正式成立加勒比共同體和共同市場。一九七四年，原自由貿易協會的其他成員國陸續加入。總部設在圭亞那首都喬治敦。目前成員國有：安提瓜和巴布達、巴巴多斯、巴哈馬聯邦、伯利茲、多米尼克、格瑞內達、圭亞那、聖露西亞、聖克里斯多福和尼維斯、聖文森和格林納丁斯、特立尼達和多巴哥、牙買加、蒙特塞拉特。一九九〇年該組織人口合計五百七十八萬。

該組織的宗旨是：通過共同市場體系逐步實現各成員國的經濟一體化；加強成員國之間的經濟合作，改變單一的經濟結構，以促進各國的經濟發展；經過協商，協調成員國的對外政策；在發展本地區的航運、科技、文教、民生和某些共同的服務事業方面進行合作。

爲了從財政上保障共同體的活動，於一九六九年建立了加勒比開發銀行，該銀行於一九七〇年開始營業，其資金的三分之二用作各種基金，三分之一作固定資金。貸款主要用於發展基礎設施、農業和工業。

在貿易方面，共同體採取共同對外關稅。第一次首腦會議，就成員國不單方面提高物價達成原則協議。一九七七年九月，共同市場部長理事會第十一次會議決定，自一九七八年一月一日起在共同體內部統一實施免稅的新規定。同年，共同體決定成立一個多邊清算機構，以加強本地區金融和貿易方面的合作。第三次首腦會議決定自一九八三年起，取消共同市場內部貿易的數量限制，優先進口成員國的產品；一九九二年共同體又決定逐步取消關稅壁壘，建立共同對外關稅。

共同體作爲一個整體同美國和西歐國家商談食糖、香蕉等出口產品的價格和配額，增強了談判地位，維護了成員國的利益。共同體同非洲、太平洋地區發展中國家結成集團，同歐共體對話，先後簽署了四個「洛美協定」。

5. 拉丁美洲經濟體系

係拉丁美洲國家經濟合作與協調的常設機構。一九七五年十月十七日，拉美二十三個國家的代表在巴拿馬城簽署了「巴拿馬協議」（於一九七六年六月七日生效），宣告成立拉丁美洲經濟體系，以取代原來的拉丁美洲合作委員會。總部設在委內瑞拉首都加拉卡斯。目前有成員國二十五個：阿根廷、巴巴多斯、巴拿馬、巴西、秘魯、玻利維亞、多明尼加共和國、厄瓜多爾、哥倫比亞、哥斯大黎加、格瑞內達、古巴、圭亞那、海地、宏都拉斯、墨西哥、尼加拉瓜、薩爾瓦多、蘇利南、特立尼達和多巴哥、瓜地馬拉、委內瑞拉、烏拉圭、牙買加和智利。該組織一九九〇年人口合計約四．四億。

該組織的宗旨是：促進地區合作；支持地區一體化過程；推動制訂和執行經濟、社會發展規劃和項目；協商和協調拉美國家對經濟社會問題的共同立場和戰略；贊助保證本地區貧困國家享受優惠待遇的措施；推動建立各種拉丁美洲跨國公司。

6.拉丁美洲一體化協會

一九八一年三月十八日，拉丁美洲十一個國家，在拉丁美洲自由貿易協會基礎上建立的發展中國家區域經濟合作組織。成員國有：阿根廷、玻利維亞、巴西、委內瑞拉、哥倫比亞、墨西哥、巴拉圭、秘魯、烏拉圭、智利、厄瓜多爾。總部設在烏拉圭的蒙特維的亞（孟都）。其宗旨是：實現拉丁美洲地區的經濟一體化，共同對付跨國公司以及國際經濟危機對該地區的影響，最終建立拉丁美洲共同市場。該組織一九九〇年人口合計約三．八七億。

該組織與原拉丁美洲自由貿易協會的主要區別是：沒有規定具體目標、減免關稅速度和時間限制；強調成員國在執行條約過程中要尊重多元化、協調一致、靈活性、區別對待和協定形式多樣化等原則；允許兩個或兩個以上成員國之間進行局部性合作，不強求法律，並將成員國按發展水準分爲三類，建立了對較不發達國家的支持體系；允許和非成員國及其它國際性組織進行合作。該協會以「促進相互貿易、經濟相互補充，和發展有助於擴大市場的經濟合作」爲基本職能，並爲完成以上職能建立了一個經濟優惠領域，由地區性關稅優惠、地區性協定和局部性協定三方面組成。地區性關稅優惠即成員國相互提供的關稅優惠，將以各成員國對非成員國實行的關稅率爲基礎來確定優惠幅度。地區性協定即所有成員國都參加的協定。局部性協定即兩個或兩個以上成員國參加的協定，其權利與義務局限於簽字國。

在拉丁美洲一體化協會中存在三個次區域性集團，即由阿根廷、玻利維亞、巴西、巴拉圭、烏拉圭組成的「拉普拉塔集團」，這些國家於一九六九年通過了拉普拉塔河流域條約；上面介紹過的「安第斯集團」；由玻利維亞、巴西、委內瑞拉、圭亞那、哥倫比亞、秘魯、蘇利南和厄瓜多爾參加的「亞馬遜條約組織」。

7.巴西、阿根廷一體化的聯盟

巴西、阿根廷是拉丁美洲的兩個大國，兩國的面積之和、人口之和分別占該地區的一半，兩國之間的合作更具有特別意義。一九八六年七月，兩國總統簽署了「關於巴西——阿根廷一體化的文件」及十二項議定書，並通過了對本地區其他國家開放的「一體化和經濟合作綱要」。一九九〇年兩國人口合計約一．八六億。

8.南錐體共同市場

一九九一年三月二十六日，巴西、阿根廷、烏拉圭、巴拉圭四國總統在巴拉圭首都簽署了「南錐體共同市場條約」，隨著條約於同年十一月二十九日生效，南錐體共同市場正式成立。該組織一九九〇年有人口一．九四億。

(三) 非洲經濟區的形成

儘管非洲目前是世界上最貧困的大陸，幾乎國際上重要的經濟事務都少有非洲地區國家的參與，好像地球沒有非洲這一陸塊一樣。但非洲人民將以新的姿態迎接挑戰，他們必定能把非洲變成一個充滿機遇和朝氣蓬勃的新大陸。以下我們就來敘述在非洲所形成的區域經濟一體化過程。

1.非洲統一組織

一九六三年五月二十二至二十六日，在亞的斯亞貝巴舉行非洲獨立國家首腦會議，會議於五月二十五日通過「非洲統一組織宣言」，決定成立非洲統一組織，確定五月二十五日爲非洲解放日。總部設在衣索比亞的亞的斯亞貝巴。成員國有五十個：阿爾及利亞、埃及、衣索比亞、安哥拉、貝南、博茨瓦納、布吉納法索、蒲隆地、赤道幾內亞、多哥、佛得角、剛比亞、剛果、吉布提、幾內亞、幾內亞畢紹、加納、加蓬、津巴布韋、喀麥隆、科摩羅、科特迪瓦、肯尼亞、賴索托、利比里亞、利比亞、盧安達、馬達加斯加、馬拉威、馬里、毛里求斯、茅利塔尼亞、摩洛哥、莫桑比克、尼日、尼日利爾、塞拉利昂、塞內加爾、塞昔爾、聖多美和普林西比、斯威士蘭、蘇丹、索馬利、坦尚尼亞、突尼斯、烏干達、尚比亞、扎伊爾、查德和中非。非洲大陸所有獨立國家，除了南非共和國之外，幾乎都已加入這一組織。

該組織一九九〇年人口合計六．一九億，其最初較像是一個政治集團，該組織的宗旨是：促進非洲國家之間的統一和團結，協調並加強各國在政治、外交、經濟、文教、民生、科技、防務和安全等方面的合作，努力改善非洲各國人民的生活，保護它們的主權、領土完

整與獨立，從非洲根除形式的殖民主義，在聯合國憲章範圍內促進國際合作。

八〇年代該組織活動重心轉向經濟領域，注重發展非洲國家間的經濟合作，已計畫三十至四十年時間建成非洲經濟共同體。

2.中部非洲關稅和經濟聯盟

一九六四年十二月，剛果、加彭、喀麥隆、查德、中非五國首腦在剛果首都布拉扎市舉行會議，簽署了關於建立「中部非洲關稅和經濟聯盟條約」（一九九六年一月一日起生效），以取代原來由中非、查德、剛果、加彭四國於一九五九年建立的赤道關稅聯盟。總部設在中非的班基。一九九〇年該聯盟人口合計二千二百四十三萬。

該組織的宗旨是：通過逐步取消貿易方面的相互限制，統一稅收體制，建設合夥企業，發展運輸網的途徑來建立共同市場。聯盟的任務和活動包括：

①關稅聯盟：作為關稅整體，成員國間為自由貿易區，對外實行統一稅率，但各成員國政府必要時可增加附加稅。

②工業政策：為使投資合理和取得最佳效益，一些重要的工業建設項目應從整個聯盟範圍內加以考慮。

③投資：成員國間實行共同的投資辦法。

④稅制：成員國實行單一稅制，但稅率可由成員國政府分別制定。一九九七年十二月，決定成員國間實行統一的所得稅。

⑤團結基金：建立該基金以消除地區性貧富不均和發展水平的差異，捐助數額由首腦會議確定。

⑥人員自由往來：一九七二年簽定的協定規定各成員國公民在聯盟區域內享有移居權和自由開業權。

⑦經濟一體化：一九七四年修改聯盟條約，增加了聯盟經濟一體化內容，鼓勵在聯盟內建立多國公司，並於一九七五年十二月三日建立了中部非洲國家發展銀行，負責地區性及各成員國發展項目的投資。

3.東非共同體

係根據肯亞、坦尙尼亞和烏干達簽署的坎帕拉條約於一九六七年建立。總部設在坦尙尼亞的阿魯沙。三國的一九九〇年人口合計六千九百零六萬。

該組織的宗旨是：加強和協調三國在工業和商業等方面的關係，建立三國共同市場，統一管理三國的公用事業。

該組織的金融活動由東非開發銀行保證，運輸和通訊部門是進行合作的最重要領域，三國合辦了多家大型公司。

東非共同體的活動使成員國間發展水準不協調的現象加深了，肯亞從該組織得到最大實惠：在七〇年代中期，它的貿易額占三國相互貿易總額的百分之八十，而在組織東非共同體的時候，還不到區域貿易額的一半。七〇年代，成員國之間的政治關係驟然緊張，一九七七年，東非共同體中止了活動，聯合運輸公司因虧損而於一九七七年被取消。

一九八〇年三國關係有所改善，於同年舉行了兩次首腦會議，在會議中保證擴大成員國之間經濟合作的問題，決定繼續開展東非開發銀行的活動並擴大貸款領域。東非開發銀行於一九八〇年恢復活動。

4.西非經濟共同體

西非法語國家的區域性經濟合作組織，於一九七四年一月一日成立。總部設在布吉納法索首都瓦加杜古。截至一九八六年有成員國七個：布吉納法索、科特迪瓦、馬利、茅利塔尼亞、尼日、塞內加爾、貝南。一九九〇年人口合計五千二百五十萬。該組織的宗旨爲：協調成員國的關稅及交通運輸、農業、牧業、工業、外貿、旅遊、能源和研究方面的發展政策；促進和擴大成員國之間工農業產品的貿易和經濟合作；促進成員國經濟發展；改善本地區人民的生活。

西非經濟共同體的職能和權力並不具有超國家的組織特徵，成員國地位平等，每一國擁有一分投票權，所有決定必須一致通過。該組織設有國家首腦會議、部長理事會和總秘書處三個機構。成員國間合作廣泛展開如下：

①關稅合作：共同體對其內部進出口的非製成品和原料產品一律免除國內稅，對工業品在成員國間的進出口也可享受特惠待遇，即按比成員國現行稅率要低的地區合作稅代替關稅和其他稅收，成員國因此減少的關稅收入由共同開發基金補貼。

②金融合作：共同體設有二個金融機構，一個是開發基金會組織，基金按成員國在共同體工業品貿易中各自所占的比例分攤，用於補償成員國的貿易損失和資助成員國的經濟發展項目；另一個是互助和貸款保證基金，向最不發達之成員國的發展項目和共同體的可行性研究及特殊計畫提供貸款和補助。

③強調在成員國優先發展人員培訓、農業生產、水利、能源等方面的合作。

5. 非洲——模里西斯共同組織

乃非洲國家集團的政治經濟聯合組織。根據非洲——模里西斯共同組織規定，於一九六五年成立，並由它取代了於一九六一到一九六五年期間的非洲——馬達加斯加經濟合作組織。成員國多有變動，到一九八一年底，這個組織的成員有：貝南、科特迪瓦、布吉納法索、模里西斯、尼日、盧安達、塞昔爾群島、塞內加爾、多哥和中非共和國。總部設在中非的班基。一九九〇年人口合計五千六百五十四萬。

該組織的宗旨是：促進成員國的經濟、政治和社會合作；執行共同的經濟政策和建立共同市場等。非洲——模里西斯共同組織國家的首腦們於一九七四年宣布在組織範圍內拒絕研究政治問題，集中精力發展經濟、技術和文化聯繫。其建立共同市場的途徑是：實現區域規劃、積極開展該組織現有公司的專業化服務活動，在成員國之間發展某些方面的合作。

非洲——模里西斯共同組織的活動成果很有限，只有一個比較重要的多邊協定。它規定了向本區城市市場供應食糖的限額，並規定要以低於國際市場的價格出售。實現本區域工業化的計畫尙處於討論階段，建立聯合航運公司的意向也沒能實現。在非洲——模里西斯共同組織範圍內建立起來的十六個專業化組織的活動較爲成功，有相當數量的中心和研究所在從事科研工作和培訓幹部。

6.西非國家經濟共同體

爲非洲較大的區域性經濟合作組織，於一九七五年五月二十八日成立，總部設在奈及利亞的拉哥斯。截至一九八六年六月，有成員國十六個，它們是：貝南、布吉納法索、多哥、佛得角、甘比亞、幾內亞、幾內亞畢紹、加納、科特迪瓦、利比里亞、馬利、茅利塔尼亞、尼日、奈及利亞、塞拉利昂、塞內加爾。一九九〇年人口合計二一．〇七億。

該組織的宗旨爲：促進成員國之間在一切經濟活動領域以及社會和文化事務等方面的合作與發展，以提高各國人民的生活水準，維持與促進成員國的經濟穩定；加強成員國之間的聯繫，爲非洲大陸的進步與發展做出貢獻。爲了實現上述任務，「拉哥斯條約」規定：在十五年時間內，分階段建立共同市場，制定共同的經濟政策，協調發展計畫，開發自然資源，在運輸和郵電方面建設合辦項目，在貨幣和財政方面進行合作。

在西非國家經濟共同體存在的第一階段，共同體主要採取了一些組織措施，和進行了有關合作前景方面的研究。爲了促進相互貿易的發展，於一九七七年成立了西非清算局，在地區貿易服務中負責擴大地方貨幣分額的工作。

在一九七九年，作爲走向建立共同市場的第一步，決定兩年之內在區域貿易中不提高徵收關稅水準，並採用了統一的關稅名稱表。從一九八一年起，開始實行爲期八年的農產品、礦物原料、手工業自由貿易規劃。在八年之內，所有國家應該完全取消對貿易的限制。在這之後，便開始最後階段——在五年內確定對第三國的關稅稅率。

在七〇年代末，通過了第一批合作計畫。在一九七九年簽署了關於西非國家經濟共同體各成員國居民自由遷移的協定，根據這個協定，他們可以在三個月時間內不履行正式手續去本地區各國探親訪友。

7.大湖國家經濟共同體

一九七六年九月十八日，浦隆地、盧安達、薩伊三國總統在盧安達的吉佳利會晤，簽署了友好合作條約和建立大湖國家（三國均屬坦干伊喀湖和維多利亞湖沿岸國家，習稱大湖國家）經濟共同體的協定，九月二十日該組織成立，總部設在盧安達的吉佳利。一九九〇年人口合計四千八百五十八萬。

該組織的宗旨是：保證各成員國及其人民的安全；促進經濟發展和貿易往來；加強政治、軍事、經濟、科學、文化等方面的合作。這個組織的最終目標是建立完整的經濟聯盟，

爲了實現這一目標，在實施區域項目的工作中正在進行合作。一九七七年批准了第一個合作計畫，它包括三個計畫：漁業發展計畫、基湖天然氣開採計畫和盧基爾河谷開墾計畫。建立了在大湖地區實現電氣化的組織，同流行病作鬥爭委員會及其它組織。簽署了在農業研究、汽車保險、體育交流等領域進行合作的首批協議。爲了給這些項目投資，擬利用自由資金和地方資金。在一九八〇年建立了擁有六千四百萬美元資金的區域開發銀行。目前還在研究大湖國家經濟共同體與「中部非洲關稅和經濟聯盟」聯合成爲一個統一組織的問題。

8.中非國家經濟共同體

一九八一年十二月，「中部非洲關稅和經濟聯盟」在利伯維爾舉行第十七次首腦會議時，討論了成立中非國家經濟共同體的問題。從一九八二年起，中非國家先後舉行了三次部長會議，通過一系列有關文件。一九八三年十月十八日，中部非洲國家元首和政府首腦在利伯維爾簽署了成立共同體條約，宣告「中非國家經濟共同體」正式成立，總部設在利伯維爾。目前有成員國十個：浦隆地、赤道幾內亞、剛果、加彭、喀麥隆、盧安達、聖多美和普林西比、薩伊、查德、中非。一九九〇年人口合計約七千一百四十九萬。

該組織的宗旨爲：促進成員國之間在經濟和社會活動各領域的協調合作。主要目標是取消成員國之間的關稅及其它所有進出口商品的稅收，建立和保持共同的對外貿易關稅率，制訂對第三國的貿易政策，逐步取消成員國之間在人員、財產、勞務、資本等方面自由流動的障礙，建立合作的發展基金。

一九八四年十二月十八日，在剛果首都布拉札市舉行第一次首腦會議，會議通過了共同體的預算，決定成員國在工業方面進行協調，制訂共同的投資方法；農業方面加強本地區的糧食自給，實行農產品儲蓄和交換的政策；交通運輸方面動員必要的財力和技術力量擴大交通設施，並使之現代化；關稅方面消除成員國關稅壁壘，建立共同對外關稅，取消一切貿易限制，以逐步做到人員、財產和資本自由流動。會議還決定成立合作和發展基金。

9.馬格里布聯盟

突尼斯、阿爾及利亞、利比亞、摩洛哥和茅利塔尼亞五個講阿拉伯語、信奉伊斯蘭教的北非國家，於一九八九年二月十七日在摩洛哥南部城市馬拉喀什宣布成立馬格里布聯盟。一九九〇年該組織人口合計約六千六百三十萬。

10.南部非洲發展共同體

一九九二年八月十七日，南部非洲的安哥拉、波扎那、賴索托、馬拉威、莫桑比克、納

米比亞、坦尚尼亞、尚比亞、史瓦濟蘭和辛巴威十國首腦聚會納米比亞首都文特胡克，決定將南部非洲發展協調會議這一鬆散的區域合作組織升格爲「南部非洲發展共同體」。該詛織一九九〇年的總人口約爲八千二百一十五萬。

(四) 亞太經濟區的形成

如果說，在世界經濟的三大區域一體化組織中，歐洲經濟區起步最早，約在五〇年代，具有一個超國家機構來管理和協商；美洲經濟區緊隨其後，在六〇年代，但不具有一個超國家機構；那麼，亞太經濟區則是起步最晚的，約在八〇年代，但是發展態勢非常強勁。這是因爲，亞太經濟區在地理區域範圍遠比歐洲經濟區和美洲經濟區要大得多，且不論在歷史文化傳統、宗教風俗習慣，還是在政治制度和民族種類等方面，亞太經濟區的多樣性遠較上述兩大經濟區複雜，而且其形成過程也遠較上述兩大經濟區要曲折得多。

亞太經濟區包括全亞洲和大洋洲的澳、紐等南太平洋國家，是比歐洲經濟區和美洲經濟區更大的區域一體化集團，無論是地理範圍、人口數量，還是GNP總值、貿易額及經濟成長速度，均稱世界第一。然而亞太經濟區的多樣性和複雜性使得在組織機構、合作項目等方面，還有很漫長的路要走。

雖然亞太經濟區作為一個整體，在組織機構、合作項目等方面落後於歐洲經濟區和美洲經濟區，但亞太經濟區內的一些次區域經濟一體化組織卻相當活躍，而且卓有成效。以地理區域來分，可以分成東北亞經濟圈、東南亞經濟圈、南亞經濟圈和南太平洋經濟圈，在這四大圈內分別有不同的區域經濟一體化組織。其中對國際具有舉足輕重地位的是「亞太經濟合作會議」，簡稱 APEC。APEC 從民間倡議走到官方磋商，標誌著亞太經濟區的形成。八〇至九〇年代，亞太地區的經濟成長速度大大超過世界其他區域，是當今世界最具有經濟活力的地區。以下分別敘述在亞洲及太平洋地區的區域經濟一體化組織。

1. 亞太經濟合作會議

在區域經濟集團化浪潮的衝擊下，亞太國家意識到，為了生存和發展，必須加強亞太國家之間的合作。一九九一年十一月，在韓國漢城舉行了亞太經濟合作組織第三屆部長級會議，通過了「漢城宣言」。一九九三年一月又在新加坡成立了小型常設祕書處。亞太經濟合作會議（APEC）共有十五個成員：澳大利亞、美國、加拿大、中國大陸、日本、韓國、紐西蘭、台灣、香港和東協六國。

一九九七年十一月二十五日，亞太經合會議第五次領導人非正式會議在加拿大溫哥華圓滿結束，會議發表了「聯繫大家庭」的宣言，決心尋找亞太地區持續成長和平發展，並表示相信本地區經濟將在全球經濟中起主導作用。

許多政治家和經濟學家都認爲，二十一世紀是亞太世紀、是太平洋世紀，亞太地區是二十一世紀的經濟和科技中心。

2.東協合作組織

東協成立於一九七六年，成員有新加坡、汶萊、泰國、馬來西亞、菲律賓、印度尼西亞六國，共有人口三．二億，國民生產總值爲三千一百億美元。

東協在成立初期主要把重點放在政治方面。近些年來，隨著世界經濟的發展，東協又開始向自由貿易區過渡。在一九九二年一月第四次東協國家首腦會議上，各成員國加強了經濟合作，並以協定的方式確定了泰國總理提出的十五年內建成東協自由貿易區計畫，同時成立一個部長理事會監督這個計畫的實施。據估計，在二十一世紀初，東協國家將建成自由貿易區。

冷戰消失後，政治因素逐步淡化，越南已於一九九五年七月加入東協合作組織。

3.澳紐自由貿易區

一九八三年，大洋洲兩個大國澳大利亞和紐西蘭簽署了「更加密切經濟聯繫協定」，宣布至一九九五年建立澳紐自由貿易區。一九八八年八月兩國總理又簽署了經過修改和擴充的新「更加密切經濟聯繫協定」，提前至一九九〇年七月一日完全形成自由貿易區，兩國間取消出口補貼和相互出口禁令，兩國銀行、保險、諮詢等行業自由競爭，協調了關稅程序、檢疫安排及商業法律等，促進了澳紐兩國一體化過程。一九九〇年兩國人口合計約二千零四萬。

4.東南亞國家聯盟

一九六七年，由地處東南亞的印度尼西亞、馬來西亞、菲律賓、新加坡和泰國五國組成的發展中國家區域性經濟合作組織，簡稱東盟，成立於當年八月八日，總部設在雅加達。目前有成員國九個：菲律賓、馬來西亞、泰國、汶萊、新加坡、印度尼西亞、越南、寮國、緬甸。一九九〇年人口合計爲三．三三億。該組織的宗旨是：本著平等合作的精神，通過共同努力來加速地區的經濟成長、社會進步和文化發展，奠定一個繁榮、和平的東南亞國家共同體的基礎，並促進地區的和平與穩定，增進地區的積極合作與相互援助，同國際組織和區域性組織保持緊密和有效的合作。

組織機構上，外交部長會議是最高決策機構，每年舉行正式例會和特別會議各一次。常務委員會是執行機構，負責處理日常事務，執行外交部長會議的決策。執行主席由外交部長輪流擔任，委員由執行主席以外的其它成員國的大使組成。在常務委員會下設立了十一個特別委員會和十一個常設委員會，秘書處爲行政總部。

東盟九國在貿易、貨幣等領域展現了廣泛的合作。一九八七年十二月十四、十五日在馬尼拉召集第三次首腦會議，並發表了「馬尼拉宣言」。宣言強調「成員國應加強國家和地區的復原力，以保證東盟國家的安全、穩定和成長」。這次會議由各國外長和經濟部長簽署了四個經濟協定，即「改進的東盟優惠貿易協定關稅議定書」、「經修改的關於東盟工業管理企業的基本協定」、「促進和保障投資協定」、「關於東盟國家凍結和回降非關稅壁壘的諒解備忘錄」。這四個協定旨在增加和保障成員國之間的貿易和投資。

5.南亞區域合作聯盟

一九八〇年五月，孟加拉總統齊亞．拉赫曼首倡南亞區域合作。一九八三年三月，南亞七國在新德里舉行第一次外長會議。一九八五年十二月八日，七國首腦在達卡通過「達卡宣言」，簽署「南亞區域合作聯盟憲章」，正式成立該組織。目前該組織有成員國七個：孟加拉、印度、巴基斯坦、尼泊爾、斯里蘭卡、不丹、馬爾地夫。一九九〇年人口合計十一．一九億，其宗旨爲：改善本地區人民的福利，促進本地區的經濟成長、社會進步和文化發展，促進和加強集體自力更生，增進成員國之間的相互了解，促進成員國之間在經濟、社會、福利、文化和科技領域的協作與互助，加強同世界其他發展中國家和地區的合作組織機構。成員國首腦會議每年舉行一次，必要時可隨時召開。部長理事會由各國外交部長組成，每年至少舉行兩次會議。常設委員會由各國外交秘書組成。

聯盟經過不懈努力和相互促進，使區域合作的事業又前進了一步。首先，聯盟的組織機構日趨完善。一九八六年七月七日外長會議解決了常設秘書處的問題，可使今後聯盟合作活動得到更有效的組織和協調。第二，區域合作的範圍進一步擴大，增加了新形式和內容。聯盟根據實際需要，舉辦各種專題的地區性討論會和訓練班，專家學者互訪頻繁，交換情報資料和研究成果。七國還決定增設有關婦女問題的委員會，建立農業情報中心和氣象研究中心，也就禁毒和打擊恐怖活動方面的合作進行初步的探討，在禁毒問題上已經提出了合作的計畫報告。第三，在全球性經濟問題上，聯盟各成員國的組織更加一致。第四，成員國之間各類級別的交往增多，增進了相互諒解。一九八七年十一月二日至四日，在尼泊爾首都加德滿都舉行了第三次首腦會議，會議通過的「加德滿都宣言」指出，聯盟將繼續堅持聯合國憲章和不結盟運動的原則，加強合作，促進南亞地區的和平、穩定、團結與進步。一九八八年十二月二十九至三十一日，在巴基斯坦伊斯蘭馬巴德舉行第四次首腦會議，會議通過的「伊斯蘭馬巴德宣言」，就南亞區域的形勢、今後合作的任務以及一九八八年以來國際形勢的發展，發表了各國首腦的共同看法。南盟正醞釀建成南亞共同市場，設立南亞發展基金。

6.經濟合作組織

經濟合作組織原名「區域發展合作組織」，是由伊朗、土耳其、巴基斯坦三國於一九六四年七月建立的。由於國際國內局勢的變化，該組織長期未發揮很大的作用。一九八五年，三國有意加強活動，決定將組織更名為「經濟合作組織」。一九九〇年三國人口合計約二．二五億。

一九九二年該組織得到壯大：十一月底在巴基斯坦召開的部長級理事會特別會議，決定正式接納亞塞拜然、土庫曼、烏茲別克、塔吉克、吉爾吉斯、阿富汗為經合組織新成員，哈薩克不久也將加入，該組織行將發展到十個成員國。成員國的擴大，為在中亞地區建立一個二．五至三億人口的穆斯林共同市場鋪平了道路。

7.海灣阿拉伯國家合作委員會

一九八一年二月四日，波斯灣地區的沙烏地阿拉伯、科威特、達卡、巴林、阿曼和阿拉伯聯合大公國六國外交大臣，在沙烏地阿拉伯首都利雅德聚會，決定建立合作委員會，以推動本地區經濟合作並制訂共同的經濟戰略。經過積極的醞釀和籌備，同年五月二十五日，六國元首在阿拉伯聯合大公國開會，簽署了合作委員會章程，宣布「海灣阿拉伯國家合作委員會」（簡稱海灣合作委員會）正式成立。該組織一九九〇年總人口約二千三百四十四萬。

三、區域經濟合作的理論背景

最早的區域經濟合作理論，可以追溯到五〇年代初，維納（Viner）創造的著名「關稅同盟」理論。從理論上講，區域間經濟合作的原因有如下幾點：

①因各國的自然條件、人力資源、礦物資源分布的不同，通過經濟合作可以增強各國經濟之間的互補性。

②區域間經濟合作的動力還來自於市場規模的擴大。區域間的合作可以擴大貿易，增加

資本流動，規模經濟的影響可以抵減生產成本，提高整個區域在世界範圍內的經濟競爭力。

③區域合作還可以協調一些具有區域影響的生產活動，其中的一些活動被稱之爲「跨國的公共產品」，例如環境保護、跨國交通通訊、邊境地區的資源開發等。這些在一國的生產活動可能會對鄰國、甚至會對整個區域造成影響，國際間的協調甚至監控就很有必要。

原則上說，區域間合作的長處，應該都能通過自由貿易、自由流通發揮出來。在一個完全自由貿易的理想世界中，是沒有必要進行區域間合作的。要合作就應該是全球性的合作。區域間的合作，從理論上來說最多是一個次優的結果，而且在一些情況下，合作的結果並不一定會比不合作更好。因此長期以來，主流經濟學家們是不同意把世界人爲地劃分爲區域性經濟的。經濟學家們追求的理想是全球性的自由貿易。人們擔心，過多地強調區域間合作關係，可能會對貿易秩序造成新的扭曲。

但是，進入八〇年代以來，儘管貿易自由化取得了很大進展，但距離眞正的全球自由貿易還相距甚遠。層出不窮的貿易糾紛，特別是烏拉圭回合十年的拉鋸戰，以及歐盟成功的榜樣，使經濟學家們又不得不面對現實。部分經濟學家又開始重新探討，如何通過區域間的合作，過渡到全球性自由貿易。跨入九〇年代後，美、加、墨三國北美自由貿易協定的簽定，和一些新的合作形式的出現，都推動了區域經濟合作理念與實踐的發展。前任美國財政部長薩默斯（Summiers）在一九九一年總結烏拉圭回合談判所遇到的困難時指出，與其讓全世界一百多個國家在關貿總協定中吵架，還不如把世界分成三個貿易區（如歐洲、北美、亞洲），在貿易區中先實行自由貿易。然後通過幾個貿易區之間的討價還價，向全球貿易自由化推進。這樣分兩步走的方法，可能反而會加快各國走向全球自由貿易的步伐。薩默斯的觀點，正是反映了美國政府從五〇至六〇年代極力反對貿易區域化，而最近轉向大力推動北美自由貿易區和亞太經合組織的心態。

四、「亞太經合會議」（APEC）的成立與發展

從實踐上看，第二次世界大戰以後出現了區域經濟集團化或地區經濟一體化的新現象。較早的是一九四九年初建立的，由前蘇聯和東歐社會主義國家組成的「經互會」集團。接著是一九五七年由六個歐洲國家組成的「歐洲經濟共同體」（EEC），和一九六〇年由英國為首

的七個西歐國家組成的「歐洲自由貿易聯盟」。另外還有「拉丁美洲自由貿易聯盟」、「加勒比自由貿易區」等。但是在戰後三十多年中，區域經濟集團的發展趨勢並不十分迅速，就以影響最大的歐洲經濟共同體來說，原定的一體化計畫並未完全實現。進入八〇年代，由於經濟全球化的進一步發展，各國在經濟上相互依賴加深，客觀上要求建立成員相對固定的國家經濟一體化組織，於是世界經濟的區域集團化趨勢又明顯增強。其中最為突出的是歐共體擴大為歐盟，並於一九九九年初在歐盟十一個國家中首先使用統一的貨幣——歐元。

在很長的一段歷史中，由於受政治、經濟等複雜因素的影響，區域經濟合作似乎與亞洲無緣。然而自九〇年代以來，一股區域經濟合作的熱潮正在亞洲迅速興起。其來勢之猛，進展之快，引起了世人的矚目。那麼，為什麼在亞洲會興起一股經濟合作熱？它的現實背景是什麼？它具有什麼特點呢？分析起來，以下一些因素起了關鍵性作用：

1.國際環境的急速變化

八〇年代末由於冷戰已經結束，國際形勢出現了明顯的緩和趨勢。而世界經濟的集團化、區域化趨勢也日益加重，特別是歐洲一體化的形成和北美自由貿易區的成立對亞洲國家是一個嚴重的挑戰。很多政治家都擔心亞洲國家被摒棄在幾個貿易圈之外。這對以出口導向爲發展戰略的許多亞洲國家尤其是一大威脅。而對抗貿易壁壘的最好辦法就是形成自己的貿易圈。這樣至少可以增加亞洲地區在國際貿易談判中的地位。因此，亞洲各國的領導人有一股聯合起來的內在動力。

2.經濟成長快速

近二十年來，亞太地區經濟的年平均成長率在百分之六以上，要比世界其他地區的成長率高出一倍以上。在經濟迅速成長的同時，區域內的貿易與投資也成長很快。在一九八〇到一九九一年期間，亞太地區區內貿易的年均成長率高達百分之九．五一。八〇年代亞洲區內相互貿易翻了一番，占亞洲地區對外貿易的比重，已由八〇年代初的大約百分之三十上升到八〇年代末的百分之四十以上。與此同時，亞太地區區內投資也迅速成長。到一九九二年，美國在亞太地區的累積投資額已超過對歐洲的直接投資，占其海外直接投資的三分之一。亞洲地區內部相互投資的成長更爲迅速，在八〇年代翻了兩番。

3.區域內各國、地區在經濟上的互補性特別強

這一地區不僅有資金、技術實力雄厚和資源豐富、市場巨大的頭號經濟大國美國，以及資金充足、技術先進而資源短缺的二號經濟大國日本，還有勞動力資源極爲豐富、工資成本低廉、自然資源品種較齊全且掌握某些尖端技術、但一般生產技術相對落後且缺少資金的中國大陸。另外還有各具比較優勢的「四小龍」、俄羅斯、東協和中南半島國家、澳大利亞和紐西蘭等。上述這種由不同生產要素和產業結構層次形成的互補性，為發展區域經濟合作提供了重要的物質基礎。

4.推動經濟自由化政策

近年來亞洲國家推行的經濟自由化政策為本地區的區域經濟合作提供了必要條件。過去二十年中，亞洲經濟的最大特點之一，就是在發達國家盛行貿易保護主義的時候，亞洲國家反而加速了他們市場開放和貿易自由化。亞洲國家從自身的經驗中體會到，降低貿易壁壘對自己也是有利的。為此，東南亞國家八〇年代以來大規模地降低了他們的進口關稅；最後，中國大陸、越南等國放棄了過去閉關自守的政策，實行經濟體制改革和對外開放，也給亞太地區的區域經濟合作提供了大量的機會。以中國大陸為例，目前的外貿總額中約有百分之六十是與亞洲國家進行的。

正是在以上背景下，成立亞太經合會議（APEC）的條件才逐漸得以成熟。由於 APEC 是亞洲或亞太地區最重要的區域經濟合作組織，因此，探討這一地區的區域經濟合作問題，就必須首先從 APEC 開始。APEC 的成立是一個較長時間的積累過程。一九八九年十一月，在澳大利亞的倡議下，APEC 首屆部長級會議在坎培拉舉行，宣告亞太經合會議正式成立，亞太地區十二個國家（美、加、日、韓、東協六國、澳、紐）爲初始成員國。在創始初期，APEC 是一個鬆散的、以每年一屆部長級會議爲其形式的經濟論壇。但整個 APEC 的性質、範圍、目標及行事方式已從中初現端倪。一九九三年的西雅圖會議，在 APEC 的發展歷程中具有突出的意義，是一個重要的轉折點。美國利用東道國地位首次召開了 APEC 領導人非正式會議，使 APEC 的組織結構發生了根本的變化，形成「高官會→部長級會→首腦會」三層次決策結構，APEC 的重要決定最終要以首腦會議來拍板，並以首腦會議作出的「承諾」作爲實施決議的保證。這種決策結構與方式既具備了一個多邊組織運行機制的基本框架，又有其獨特之處。西雅圖會議另一項重要內容還在於，參加會議的領導人認同了由「名人小組」提出的，關於把亞太地區建成貿易和投資自由化地區的藍圖。這個藍圖成爲後來的「茂物會議」和「大阪會議」制定議程的基礎。隨後幾年，APEC 每年都召集領導人非正式會議。

一九九四年的茂物會議通過了「茂物宣言」，提出了 APEC 發達成員不晚於二〇一〇年，發展中成員不晚於二〇二〇年實現亞太地區貿易和投資自由化的時間表。「茂物宣言」應被看作爲亞太地區實施貿易和投資自由化的起點。

一九九五年的大阪會議通過了「大阪行動議程」，爲落實「茂物宣言」提出的時間表，各成員國在會上提交了落實「茂物宣言」貿易自由化的「首次投入」方案。

一九九六年的馬尼拉會議通過了「馬尼拉行動計畫」，該「計畫」就各成員的單邊行動計畫達成了一致，使得「大阪行動議程」得以全面實施，從而標誌著亞太經合會議進入了貿易和投資自由化的實施階段。馬尼拉會議的另一重大成果是通過了「亞太經合會議經濟技術合作原則框架宣言」，在 APEC 歷史上，這首次單獨通過一項有關經濟技術合作的文件，從而使經濟技術合作得到了應有的重視。

一九九七年的溫哥華會議是在東亞國家發生金融危機的特殊背景下召開的，會議通過了「聯繫大家庭」宣言。宣言重申堅持「茂物宣言」確定的實現貿易投資自由化的兩個時間表，尤其指出基礎設施和可持續發展是亞太經合會議面臨的兩大挑戰，但決心尋求亞太地區持續成長和平等發展，並表示相信本地區經濟將持續在全球經濟中起主導作用。

溫哥華會議表明，APEC 自一九八九年成立以來，經歷了一個逐步形成和加速發展的過程。經過西雅圖的設想，茂物的規劃，大阪的初步行動和馬尼拉的全面實施，時至今日，雖然東亞金融危機對亞洲各國的負面影響尚未完全消除，亞太經合會議的發展卻呈現出強勁的趨勢，其對應亞太經濟和世界經濟的影響也日益擴大。

五、兩岸的 APEC 政策

（一）大陸的 APEC 政策

大陸於一九九一年加入 APEC。此後一直以積極的、負責的、合作的態度參與 APEC 的活動。因為大陸是亞太地區的重要成員，同時，亞太地區也是大陸對外開放的最重要地區。目前大陸對外貿易的百分之八十左右，引進外資的百分之九十都集中在亞太地區。與 APEC 絕大多數成員不同的是：大陸至今尚未加入世界貿易組織（WTO）和任何官方性質的次區域經濟組織。APEC 是大陸迄今為止唯一參加的區域經濟合作組織。因此，它對大陸的對外開放、實現經濟現代化及融入亞洲、世界經濟體系具有十分重要的意義。

大陸對 APEC 抱積極的支持態度。但另一方面，大陸作為本地區及世界最大的發展中國家有自己非常獨特的國情，例如，經濟成長速度較快，但總體經濟水準不高，與發達國家有很大的差距；市場機制、法律不夠完善；百分之八十的人口是農民，農業生產方式落後，生產成本高；汽車、電子等行業仍未脫離幼稚產業階段，仍需進行一段時間的保護等。基於上述因素，大陸對 **APEC** 的基本政策如下：

①**APEC** 應是一個協商與合作機構，不搞機制化，不具有指令職能，不進行討價還價的談判。**APEC** 的貿易與投資自由化和便利化措施應該建立在自願參加、協商一致和自主行動安排為主的基礎上。

②**APEC** 成員之間經濟發展水準和內部情況差別很大，因此關於實施貿易和投資自由化的行動議程和市場安排，在不同成員國之間應堅持靈活性原則。

③**APEC** 應實行非歧視性原則。這個原則包括兩個含義：一是對所有成員非歧視，即無條件的向每個成員提供「最惠國待遇」；二是 **APEC** 內的開放成果向非成員開放。

④**APEC** 應堅持「兩條腿」走路，即把貿易和投資自由化與經濟技術合作放在同等重要的地位，取得平行發展。直到馬尼拉會議通過了框架宣言，這兩者的關係才得以明確。

⑤**APEC** 的使命是消除亞太地區的貿易和投資障礙，加強成員間的經濟技術合作，促進亞太地區的經濟繁榮。顯然，作為一個國際經濟合作組織，**APEC** 不應包括政治和安全方面的內容，更不能將其變成由某個大國操縱的工具。

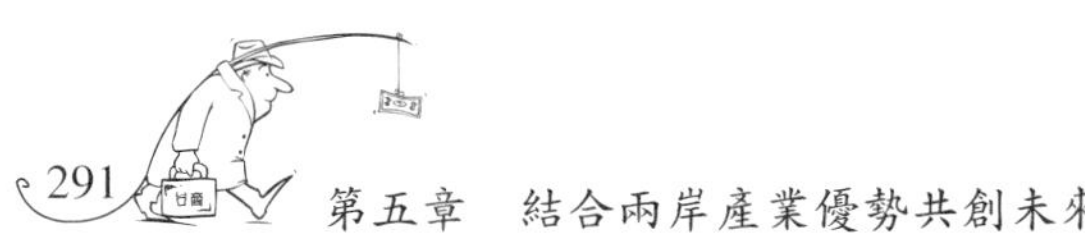

但另一方面，由於大陸目前正處於由計畫經濟體制向市場經濟體制轉軌的階段，大陸在實施 APEC 貿易與投資自由化的目標方面，確實也面臨許多壓力和挑戰。中國大陸如何面對這些壓力和挑戰，正考驗大陸領導人的智慧。

(二) 台灣的 APEC 政策

APEC 誕生於十年前冷戰結束時，一路走來，蓄意去政治化，以經貿自由化爲原動力，標舉太平洋社會的建立。但是，國際輿論對 APEC 頗無好評，質疑 APEC 在過去幾年的金融風暴應對無方。台灣基於 APEC 的一分子，倡議組成類似「亞洲貨幣基金會」協助東亞渡過金融危機，但因政治等因素，無法如願。

一九九七年 APEC 溫哥華部長會議決定十五項提前自由化項目，九八年部長會議決定將其中八項及電信相互認證提交世界貿易組織（WTO）處理，九九年在紐西蘭奧克蘭舉行的部長會議也同意將油籽、食品、橡膠、肥料、汽車、民用航空器六項送交 WTO。九九年部長會議並認爲，應致力即早推動前述八項產品自由化，展開零對零方案的措施，使關稅降爲零。這些項目涉及漁、林等產品，是台灣認定敏感的項目，具體的降稅措施，對台灣影響不小。

二〇〇〇年 APEC 部長會議共同宣言中，其中以促進商業機會中的提早自由化，對台灣

影響最大。台灣官方內部對自由化傾向不使用排除條款，兩岸未來在進入 WTO 後，在其架構下，勢將開展自由的貿易關係。兩岸入會後可能面臨以下幾個問題，台灣如何應對與解決，也正考驗台灣 APEC 的政策走向：

①降低關稅等於間接提高大陸產品在台競爭力，其中以農產品所受衝擊最大。

②現階段台灣對大陸進口物品仍採負面表列貿易管制措施；目前台灣僅開放七成工業產品進口，仍有三成未開放，農產品開放比例更低，加入 WTO 後，勢必面臨逐步撤除的壓力。目前台灣對大陸享有巨額貿易順差，但隨著大陸產品在台的競爭力提升，大陸進口產品又解禁，台灣長期對大陸享有巨額順差的情勢，將急轉為逆差。甚至台灣的國際收支可能會出現赤字。

③大陸希望在 WTO 架構下三通，儘管台灣認為 WTO 尚未談判開放海運、空運，短期內仍可繼續維持現況，但兩岸加入 WTO 除涉及商品貿易外，金融、電信等服務業市場開放，卻不可避免，尤其是服務業市場開放涉及中資、大陸人員來台等問題。

如果兩岸同時加入 WTO，可以預期兩岸經濟將加速整合，這也表示現階段的「戒急用忍」政策面臨挑戰。在「兩國論」陰影存在下，兩岸依然無法去除敵對狀態，有關當局應集思廣益，對即將到來的兩岸自由貿易關係有所因應。

(三) 兩岸應相互合作，加速進入 WTO

第十二屆 APEC 部長級會議強烈支持 WTO 展開新一回合多邊貿易談判，並希望在三年內完成。同時也呼籲 WTO 儘速處理正進行中的入會案，並支持這些申請國以某種身分參與新回合多邊貿易談判。而「兩岸入會問題」成為 APEC 最受關注，且不宜再托延的重大問題。

兩岸遲遲未獲准加入 WTO，已對兩岸乃至 APEC 其他成員造成傷害。台灣申請加入 WTO 已逾十年，大陸也近十年之久，其間的艱辛，痛苦如人飲水，冷暖自知。在關貿協定（GATT）時代，台灣已努力與上百國家進行雙邊入會談判，有許多已達成或即將達成協議，但幾年前 GATT 轉型為 WTO，並完成烏拉圭回合談判，國際貿易體制發生重大變革，這使得台灣原已達成的入會談判必須推翻重新來過，而為入會所答應的承諾卻必須兌現——也就是台灣實際上已付出了入會的代價但並未取得身分。全世界沒有一個國家會像台灣一樣如此鍥而不捨，百折不撓，並付出極大代價。而大陸的情況也與台灣相類似，不遑多讓。實際上，大陸目前平均每人國民生產毛額（GDP）僅約一千美元，為美國的三十分之一，差距如此之大，要求大陸以「已開發國家」條件入會，實在是強人所難。今天，兩岸入會所遇到的難題之一，主要來自美國的阻擾。究其原因，主要是美國堅持大陸必須以「已開發國家」身分入會，俾攫取最大經濟利益。美國並以兩面手法，反覆對海峽兩岸施壓，迄今仍不肯鬆手。如果目前僵局持續，而 WTO 新一回合貿易又將展開，則對台灣而言，烏拉圭回合談判的夢魘又將重演。

九九年中國大陸總理朱鎔基訪美時，曾就加入 WTO 問題作了相當大的讓步，回國後，受到保守勢力的反撲，差點「丟官」，但當時美國總統柯林頓迫於國內政治壓力，並未立即接受。目前在 APEC 二十一個會員國中，只有台灣、大陸、俄羅斯與越南尚未入會，而其他十七個已加入 WTO 的成員，則包括美國、日本與加拿大的 WTO 四強中的三大強（另一強為歐盟）。現今如讓大陸及早入會，可使大陸經濟與國際經濟及早接軌，融入全球經濟體系，中國大陸政府與企業必須按國際準則辦事，加速其政經改革；在政治軍事層面，大陸如對台動武，更必須考慮國際因素。對兩岸關係而言，也可在 WTO 架構下逐步放寬經貿投資限制，三通問題最終可獲解決。因而兩岸入會無疑可積極促進兩岸關係朝良性發展。這是全世界十三億華人所共同樂意看到的。

六、亞太經合會議中的兩岸經貿關係

作爲當今世界經濟發展大趨勢的經濟合作區域化，正在影響著整個世界經濟體系的面貌。無論是亞太經合會議還是其他的區域經濟集團，都對兩岸經貿關係已經和正在產生著越來越大的影響。就現階段而言，這種影響主要有以下幾個方面：

1.經濟區域集團排他性的一面迫使台灣把戰略重點轉回亞洲市場

衆所周知，第二次世界大戰後不久，世界就形成了根本對立的美蘇兩極稱霸局面。當時美蘇的經濟在資本主義陣營和社會主義陣營各自稱霸一方。由於衆所周知的原因，海峽兩岸走上了不同的發展道路，各自分屬於不同的集團。當時，美蘇爲了維護各自在其陣營中的霸權地位，並以此爲依托開展兩霸間的角逐，他們都不希望在自己的陣營中發生切割和分散的現象，更不希望台灣與大陸間有任何往來。由於政治經濟發展不平衡規律的作用，到了八〇年代中期以後，出現了美國相對衰落、東歐劇變、蘇聯解體、歐盟和日本群雄崛起的局面。美國已無力像以前那樣單獨控制世界的局勢，並無法再對歐洲國家和日本發號施令。因而需

要回到北美構築自己的陣營，並以此爲依托與歐盟和日本抗衡。

作爲北美自由貿易區的成員，美國爲了維持北美經濟區域的集團利益，非但無法像往昔那樣關照台灣，而且還強迫台灣開放其市場，迫使台幣與美元的匯率升值，並從一九八九年起取消美國對台灣的最惠國關稅待遇。在美國的壓力下，台灣不得不加緊分散其市場。台灣在北美市場受到擠壓後分散市場的第一個目標是歐洲。台灣一改以往「重美輕歐」的觀念，採取了包括編列「小型歐洲年」、在歐設立貿易中心在內的一整套拓展歐洲市場的措施。但由於歐盟的貿易保護主義傾向較北美地區更強，使台灣應變的能力遠未達到理想的效果。誠然，台灣也想把市場轉向拉丁美洲、中東、非洲等經濟區域集團化相對未發育成熟、貿易保護較弱的地區，但由於受政治環境、戰爭、自然災害等因素的影響，而使台灣工商界人士望而卻步。與此同時，亞洲地區卻是二十年來世界經濟發展最快的地區。本地區經濟的高速成長客觀上產生了大量的貿易與經濟合作的機會。這樣，身處東亞地區的台灣，目光自然就瞄準了包括中國大陸在內的亞洲市場。

2.經濟區域集團強調區域性的經濟合作，使海峽兩岸在經貿政策上都做了積極的調整

如前所述，每一個經濟區域都是由相鄰近的國家與地區組成的。它的一個最大特點是強

調地區化。與此相關的是「相同的人種、文化、歷史和地理背景等作用的增強」。這樣，不同經濟制度和處於不同發展階段的國家、地區，就有可能共處在同一個經濟區域集團中。海峽兩岸本來就是一家人。在世界經濟區域化浪潮的推動下，兩岸各自都調整了發展策略。中國大陸從七〇年代末開始倡導改革政策，積極主動地同台、港、澳發展經貿關係，對台關係方面先後制定了「和平統一，一國兩制」的方針，和提出了「三通四流」的倡議。大陸海關在一九八〇年明確表示，對來自台灣或運往台灣的貨物可由大陸有關貿易公司填寫報關單；對台灣及其下屬單位出具的有關證明，大陸海關可以受理；自台灣購買的貨物由台灣直接運起，或經由港澳仍是原裝的不收進口稅。所有這些都為打破兩岸僵局，恢復經貿關係奠定了基礎。台灣方面為了適應變化的國際環境和基於自身發展的需要，也適度調整了對大陸的政策，終於在一九八七年十一月宣布「解嚴」的同時，也有條件地開放兩岸間接的經貿往來。隔絕近四十年的兩岸經貿關係終於在八〇年代後期獲得了正式的恢復。

為了加快兩岸經貿關係的發展速度，雙方都採取了一些積極措施。大陸方面圍繞深化改革、擴大開放這一基本點，不斷完善內部環境，為台灣工商企業界人士從事商務活動提供了越來越多的優惠政策和方便。如一九八八年七月，中國國務院首次公布「關於鼓勵台灣同胞投資的規定」，據此規定，台灣企業投資大陸除了可享受僑外商的優惠外，還可享受特殊的優惠待遇。此外，近年來，大陸各地還專門設立了台商投資區，開放越來越大的空間供台商在大陸發展。台灣方面對大陸的經貿政策也逐步進入「法制化」、「具體化」的軌道。特別是一九八八年七月，國民黨「十三中全」後，台灣有意識地開放民間經貿往來，對轉口貿易由「不干涉」變爲「加強輔導」。對投資大陸由「絕對禁止」轉爲「直接不許，間接合法」，並先後開放了三千七百多個項目和數百種產品對大陸做間接貿易和投資。雙方政策上的不斷調整使兩岸經貿關係有了較快的發展。兩岸間接貿易一九八九年爲三十億美元，一九九二年增至七十八億美元，到一九九六年就超過二百億美元。台灣是中國大陸的第五大貿易伙伴，第二大進口市場。值得指出的是，目前的兩岸經貿關係受到台灣禁止兩岸「大三通」和「戒急用忍」政策的阻礙，否則兩岸的經貿合作關係會在更大規模上展開。

3.經濟區域集團化改變了國際市場的競爭形態，將促進兩岸經貿合作關係層次的提高

在世界經濟區域化的新格局下，國際市場競爭的一個明顯特點是以區域集團經濟爲依托，以跨國、地區企業的國際營銷爲中心。在這種新的競爭態勢下，任何一個國家或地區，以小型的企業單打獨鬥地介入競爭已經越來越困難了。爲了適應新的競爭形勢，台商投資大陸的企業規模也在逐年擴大。早先台商投資大陸多爲中小企業，其金額以數十萬美元居多，

現在投資至少爲數百萬美元，多則數千萬乃至數億美元。據統計，台商投資大陸呈現出「三級跳」。一九九二年的平均金額只有七十三．四萬美元，一九九四年突破一百萬美元，一九九五年爲二百二十三萬美元，一九九六年達到三百二十萬美元，一九九七年一月到九月台商赴大陸投資金額累積已達十．九億美元。台灣的一些知名企業如台塑、和信、統一、長榮等大型上市公司已有九成投資大陸，同時還打算在大陸生根，簽約期五〇年乃至七〇年的大有人在。

世界經濟區域間競爭的另一特點是越來越集中在科學技術上的競爭。兩岸由於資源條件不同和政策導向有別，在科技上存在很強的互補性。大陸在基礎學科和尖端研究上較台灣強，而台灣則在應用技術和科學管理上做得比大陸出色。在以科技爲主要動力的經濟區域間合作與競爭的夾帶下，兩岸科技上這種互補性已出現合作趨勢。一些台商去大陸投資的重要原因就是看好大陸的科技人才和科技市場。

以上三點是經濟合作區域化對兩岸經貿關係發展所產生的正面影響。此外也還存在著一些負面影響，主要是：

1.「東亞經濟圈」的誘惑

在世界經濟區域化的浪潮中，經濟大國都想透過經濟區域集團化的形式開展他們的競爭。爲了對付歐盟和北美的經濟聯合，日本把戰略重點轉回亞洲，並打算以亞洲爲依托與歐盟、北美進行角逐，因此，日本經過官、學、民、商處心積慮和長期醞釀策劃後，終於在八〇年代末提出建立「亞太經濟圈」（即「太平洋共同體」）的構想。

作爲實現此戰略目標最重要的第一步就是建立「東亞經濟圈」。其構想是把東亞十個國家和地區分成三個層次，構成所謂「雁行式」——日本爲領頭雁，韓國、台灣、香港、新加坡「四小龍」緊跟，東協的泰國、馬來西亞、印度尼西亞、菲律賓、汶萊在後。這裡有三點值得注意：一是日本要建立的這種「圈」把中國大陸排除在「圈」外，而把台灣和香港地區納入「圈」內。這實際上是對正在發展中的兩岸三地經貿關係的切割。隨著這個「圈」的推動，對兩岸經貿關係勢必產生不利的影響。二是爲了推動這個「圈」，日本採取了一系列的「優惠拉攏」政策：在投資上，對「四小龍」的投資從過去的「開發資源爲主」轉變成「以扶植落後的半成品工業爲主」，還準備把一些層次較高的技術轉移給「四小龍」；在貿易上，日本將逐步開放本土市場，糾正貿易不平衡，提供優惠關稅，增加「四小龍」的工業品進口；在金融上，除了聯合「四小龍」向東協提供經濟援助外，還準備以日幣爲中心，發揮日幣在國際上的優勢，形成「亞洲貨幣單位」等。日本的這些做法對台灣、香港具有很大的誘惑力，加上在過去幾十年來台灣與日本的經貿往來十分密切，彼此間雖然存在控制與反控制的矛盾，但合作總是多於鬥爭，況且至今台灣許多產業的關鍵技術仍牢牢地掌握在日本手中。因此，日本的這套做法不是沒有可能奏效。當然，從實際情況看，日本所構想的「亞太經濟圈」近年來推進程度不理想，主要是因爲日本深知自己在亞洲的形象並不好，過去的「大東亞共榮圈」給亞洲人民帶來的災難仍記憶猶新。東南亞等亞洲國家對日本也有很重的戒心，唯恐重新遭到日本的控制。同時，中國大陸在改革開放中穩定向前發展，國力日益增強，使日本不敢明目張膽地推行這個「圈」，目前基本上只做不說。另外一點就是自進入九〇年代以後，由於「泡沫經濟」的破滅，日本的經濟一直不景氣，始終處於徘徊、甚至停頓狀態，九七年秋天之後又被捲入東亞金融危機之中，其金融體系受到重創。因此，日本當前主要著力於刺激國內需求，恢復本國經濟的活力，而暫時無暇顧及心目中的「亞太經濟圈」的建設。亞太經合會議的迅速發展，也在很大程度上沖淡了日本的「亞太經濟圈」的構想。儘管如此，由於日本推動這個「圈」給台灣讓出一些發展空間，這無形中總是分散了台灣對大陸市場的注意力，對兩岸經貿關係的深化產生了一定的影響。這也許就是兩岸經貿關係至今未能取得突破性進展的重要原因之一。

2.「東協國家」的反向拉力

東協雖然早在一九七六年就宣告成立，並簽定了包括經濟方面內容在內的「東南亞國家聯盟協調一致宣言」，但直到八〇年代中期以前，東協國家的合作主要著眼於政治方面，各成員國之間的經濟關係仍然十分鬆散。近些年來，在世界經濟區域化浪潮的影響下，為了對付歐盟和北美自由貿易區的挑戰，東協國家也在加緊經濟聯合，並已在東協之間建立了若干自由貿易區。與此同時，他們看準了港台資本，紛紛調整經濟政策，改善投資環境，擴大投資優惠，大量吸收港台資本。如新加坡規定「被認可的『新興企業』將免除五年至十年的公司所得稅」；泰國則進一步放寬外匯管制，降低機器類的進口限制；馬來西亞也為跨國公司設立區域性總部，提供包括一種稅十年免徵和三種稅五至十年減半等一系列優惠政策；菲律賓制定了一項「綜合新投資法案」，其中包括四至六年免徵公司所得稅，和減免勞務費的課稅及生產設備免除進口稅等。東協國家採取的這些措施已對港台資本產生了巨大的吸引力。就台灣方面來看，由於李登輝提出對大陸的「戒急用忍」方針，台灣在投資上也採用了「南向政策」，即把目前台商對大陸投資分散一部分到東協國家，以減輕在大陸投資的「風險」。據粗略的統計，目前僅台灣在泰、馬、菲、印尼四國的投資總額約為同期台灣在大陸投資數額的二到三倍。這表明東協國家也吸收了越來越多的台港資本，在客觀上對兩岸經貿關係將起到反向拉力的作用。當然，東南亞金融危機暴露了泰、馬、菲、印尼等國在經濟體制和金融體制上的弊端，台商投資信心大挫，爲避免風險而放慢投資步伐。台灣的「南向政策」也因此而受挫。這對兩岸經貿合作來說客觀上又是有益的。

從上述分析中可以得出結論：經濟合作區域化對兩岸經貿關係的影響，就現階段而言，它既有促進兩岸經貿關係的發展，促進大陸經濟走向一體化的一面，又有阻礙兩岸經貿關係發展，干擾大陸經濟走向一體化的一面。面對機遇和挑戰共存的局面，倘若我們未能抓住機遇，利用積極因素並弱化乃至排除消極影響，兩岸經貿關係將難以有突破性進展，台灣與大陸經濟邁向一體化的進程也將遙遙無期。而中華民族在未來的世界經濟新格局中將處於被動的位置。爲了防止這種局面的可能出現，現在就要因勢利導地加速兩岸經濟的整合。

七、兩岸與周邊國家發展「次經濟區域一體化」

李登輝在一九九九年五月二十日就職總統十一周年時發表新書——《台灣的主張》，一發表就引起很大的議論，尤其是大陸方面的反彈。其中最引人爭議的是「七塊論」，這短短的九十二字眞言——「最理想的狀況，是中國大陸擺脫大中華主義的束縛，讓文化與發展程度各不相同的地區享有充分的自主權，如台灣、西藏、新疆、蒙古、東北等，大約分成七個區域，相互競爭，追求進步，亞洲或許會更安定。」——源自於目前在世新大學任職的王文山教授所著《和平七雄論》。王文山主張將中國分成七大區域，讓他們各自成區獨立自主，加入聯合國。這七大「國」是東北、內蒙、新疆、西藏、西南（蜀、黔、滇、桂）、華北（長江以北）、華南（長江以南）等。我想依目前大陸中央集權的心態，要無緣無故地將大陸分成七塊，讓他們獨立自主，無異緣木求魚。大陸的領導者並無法如俄羅斯葉爾欽總統膽敢將蘇聯解體，讓其他邦聯獨立成國，這是中國幾千年來的道統與西方及蘇聯不一樣的地方。與其不現實的對中國未來存有夢幻，倒不如實事求是地希望大陸體認權力下放與依地區特性，讓這些區能發揮特色，並充分獲得尊重，使各區市場機能更健全的重要。如果把以上七區加上台灣一區，每區依目前擁有優越的產業條件，各區選出一到二種行業作爲該區的支柱產業，發揮各區的優勢，強強聯合，共創品牌，進軍國際。中央只維持輔導與獎勵的角色，不必事事大小權力一把抓。

在這八區中，每區可依本身產業優勢與周邊國家發展「次經濟區域」。如台灣可與日本的沖繩（琉球）、菲律賓的呂宋發展「成長三角經濟區」；東北可與俄羅斯、日本、蒙古、南、北韓發展多邊經貿關係；西南可與越南、泰國、緬甸等國共同開發湄公河計畫等。以下就地理區域分述之：

（一）台灣、沖繩、呂宋「成長三角經濟區」計畫

台灣應與日本的沖繩（琉球）、菲律賓的呂宋發揮各自的優勢，共同發展經濟。如利用台灣的科技、資金在沖繩特別自由貿易區及北呂宋四角成長區共同開發，利用菲律賓的廉價勞力及日本鞭長莫及的邊陲區沖繩投資生產，將產品直接打入日本市場，減低貿易障礙。共同開發沖繩，對台灣有利的條件是地理位置接近台灣，運輸成本低廉，業務往來方便，可充分利用特別自由貿易區內各項優惠措施，取得日本原產地證明。雇用當地大學畢業生，薪水約日本平均的八成，較日本本土低廉，但人才卻不亞於日本本土地區。開發北呂宋四角成長區，可利用菲律賓優越的勞力，人民以英語爲母語，容易溝通，產業以發展勞力密集產業爲主，產品可直接打入東協，減少阻力。

進一步講，是以台灣經濟爲主導力量，帶動鄰近的日本沖繩和菲律賓呂宋島的經濟發展。由這三地共同組成一個互補性的區域分工，其中台灣提供資金、技術和管理經驗，沖繩和呂宋則主要提供土地、天然氣、水源及勞力，這樣便形成經濟成長所需各種要素的最佳組

合。同時，這三地的分工又具有層次性，即北呂宋發展勞力密集型產業，沖繩發展中等層次的技術工業，台灣則主要提供發展資金和技術密集的工業和服務業。在這成長三角的分工與合作發展中，旅遊業被置於最重要的位置上，即利用三地豐富的旅遊資源，發展成爲黃金旅遊勝地。更進一步發展這三區人民往來給予免簽證通關，猶如現在的香港公民只需公民證件即可快速通關。

（二）聯合國資助三百億美元開發「圖們江三角洲經濟區」計畫

「圖們江三角洲經濟區」目前已經得到聯合國開發計畫署的項目資助，一時間已成國際經濟界的熱門話題。這主要是由於日本方面在國際上多方遊說的結果。按照日本著名經濟學家金森久雄的構想，圖們江口黃金三角洲地帶的開發問題，主要基於以下考慮：

1.為中國大陸設計出海口

大陸東北三省現有的出海通道，缺點是要透過他國（北韓和俄羅斯）陸地和港口，航程較遠（須經黃海過朝鮮海峽入日本海）。如果圖們江開發取得進展，大陸恢復圖們江下游十五公里出海的航行權，並在河口附近防川鎮建設港口，則可實現大陸將此成爲貿易區的宏願。

從防川到新潟只有四百七十浬，而從大連到新潟則爲一千零七十浬，運輸距離減少一半以上。

2.開闢最短的歐亞大陸橋

傳統的歐亞大陸橋以前蘇聯遠東的納霍德卡和東方港爲基礎，陸地上以貝爾斯克車站爲轉運基地，然後通過西伯利亞大鐵路，到前蘇聯西部邊境或港口，再從陸上或海上繼續運輸到歐洲以及西亞、北非等國。這條大陸橋爲日本、南韓、中國大陸等對東、西歐貿易有很大貢獻，但距離相當遠。而從日本新潟至圖們江出海口僅一百二十五浬，因此從日本新潟經防川到前蘇聯赤塔，比經海參崴繞行西伯利亞大鐵路要縮短一千五百公里路程。

3.圖們江開發已將成為「環日本海經濟圈」的核心

在圖們江一帶，俄、中都有設立經濟特區的願望。圖們江東北面是俄國領土，俄羅斯正考慮使該區與納霍德卡及海參崴加強聯繫。圖們江南面的北韓正在對羅津、清津二港進行拓寬拓深工程，這一地區也將建成自由貿易區。因此，開發圖們江三角洲，在這一地區設立中、俄、韓、日四國不同國籍的經濟特區，求得合作，將成爲環日本海經濟合作的中心。

面對國際上普遍看好圖們江三角洲，一九九〇年七月，在長春舉行的東北亞經濟發展國際會議上，大陸提出「共同開發利用圖們江河口流域」議案，引起聯合國開發計畫署（UNDD）的高度重視。之後，該署於一九九一年七月在烏蘭巴托舉行的「東北亞區域計畫」會議上，正式提出一個開發圖們江三角洲的計畫，擬用十五至二十年的時間，籌集三百億美元資金，把該地區建成爲東北亞國際貿易中心。

按聯合國開發計畫署的計畫，圖們江三角洲開發分三個階段。第一階段，在中俄韓三國交界處開闢三平方公里的「自由貿易區」；第二階段，在大陸的琿春、北韓的羅津與俄羅斯的波謝特之間建成「小金三角」，面積一千平方公里；第三階段，建設「大金三角」，包括大陸的延吉、北韓的清津和俄羅斯海參崴，涵蓋面積一萬平方公里。一九九二年，在北京召開的「圖們江地區開發會議」達成協議，中俄韓三國同意在不影響主權的情況下，成立三國協調委員會，就治安、稅收、土地出租等問題進行協商，成立股份公司，以便籌集資金從事基礎設施建設與管理。一九九三年五月，在平壤召開的第三次圖們江地區開發會議，擬在大陸延吉、北韓清津及俄羅斯海參崴的區域內共同建立圖們江開發區，三方出租有關地域，交五方成立的圖們江地區國際開發公司獨立經營。一九九四年十二月，由日本經團連、大貿易公司和銀行組成的東北亞經濟委員會與中國琿春市簽署了促進投資協定，取得約二．二五平方公里開發用地，準備在此興建電子、紡織、建設、器材和汽車零組件工廠。近年來，圖們江三角洲的開發，已經成為東北亞經濟圈發展中的一個熱門地區。

(三) 亞洲開發銀行援助「湄公河流域經濟合作區」計畫

中南半島全長四千八百公里的湄公河，發源於中國的瀾滄江，流域面積約七十九萬平方公里，為沿岸六個國家提供巨大的經濟效益。大湄公河地區人口有兩億五千萬，其中六千萬人直接仰賴湄公河維生。

一九九三年二月，亞洲開發銀行提出了題為「次區域經濟合作——關於柬埔寨、寮國、緬甸、泰國、越南和中國雲南省進行合作的可能性」報告。這分報告提出了開發湄公河水能資源和建立雲南省到中南半島水陸交通網的初步構想，並表示亞洲開發銀行將為推動中南半島五國與大陸雲南省的經濟合作進一步努力。目前，亞洲開發銀行已經挹注四千萬美元的援款及四億六千萬美元貸款給該地區進行基礎建設，以便促進貿易。

在大陸方面似乎可以提出建設開發「亞洲西南大陸橋計畫」與之搭配，以中國大陸的西南區（蜀、滇、桂、黔、藏、瓊）各省與中南半島的五國，利用亞銀的援貸，從資本、技術、人才、商品的交流，及農工業、礦業、能源、交通、通訊、旅遊、環保等溝通沿河各國，合作開發湄公河流域，打通該系統與大陸沿海地區的關係，成立一個自由經濟貿易區的「次經濟區域」。

（四）「核心亞洲自由貿易區」發展計畫

由大陸西北區的新疆來主導，主要利用新疆豐富的礦產如石油、煤、鐵等資源，及現有石油、煤炭、冶金、建材和毛紡工業等。與鄰近的中亞各國如哈薩克、吉爾吉斯、塔什干、烏茲別克、土庫曼，和南亞的阿富汗、巴基斯坦，以及北亞的蒙古和俄羅斯等組成「核心亞洲自由貿易區」，產業交流在低水準上開展，重新建設「絲路」——建立「陸地中亞」通往歐洲的一條捷徑，工業製品能迅速運抵世界最大的經濟體歐洲經濟圈。

（五）「黃海東亞經濟區」

此區即是大陸的「環勃海灣次經濟區」的擴大，在地理位置上接近於華北區的上海、江蘇、山東、河北、遼寧等「黃金海岸」的大部精華段，與南、北韓和東邊的日本組成「黃海東亞經濟區」，利用大陸該區地理位置的優越，充沛的勞力，豐富礦產，適宜日本、韓國人的氣候，與日韓資金、技術結合一起，溝通環海周邊的國家，利用這塊歐亞跳板直通北美市場。

次區域經濟一體化的表現，在於它是一個開放型的區域經濟整合體系。它不僅在「區內」開放，同時也對「區外」開放。這兩者是相互聯繫，共同發展的。

參考書目

一、台灣部分

1. 天下編輯（1997），《他們爲什麼成功——宏碁》，台北：天下文化。
2. 天下編輯（1997），《他們爲什麼成功——中鋼》，台北：天下文化。
3. 天下編輯（1997），《他們爲什麼成功——統一》，台北：天下文化。
4. 天下編輯（1997），《他們爲什麼成功——台塑》，台北：天下文化。
5. 天下編輯（1997），《中堅企業領航未來》，台北：天下文化。
6. 天下編輯（1992），《發現台灣》（上）、《發現台灣》（下），台北：天下文化。
7. 天下編輯（1999），《明日之星》，台北：天下文化。
8. 天下編輯（1998），《徐旭東八方拓土》，台北：天下文化。

9. 天下編輯（1998），《台灣，世界第一》，台北：天下文化。
10. 天下編輯（1998），《巨人的挑戰》，台北：天下文化。
11. 天下編輯（1999），《曹興誠——聯電的霸業傳奇》，台北：天下文化。
12. 王文山（1998），《和平七雄論》，台北：月旦出版社。
13. 王永慶（1997），《生根、深耕》，台北：遠景出版社。
14. 王作榮（1999），《壯志未酬》，台北：天下文化。
15. 王瑞琪（1999），《我的老公是台商》，台北：台視文化。
16. 布格考（1997），《小公司的經營妙招》，台北：天下文化。
17. 田志立（1998），《21世紀中華經濟區》，台北：立緒文化事業公司。
18. 吳琬瑜（1999），《吳舜文的競合策略》，台北：天下文化。
19. 李登輝（1995），《經營大台灣》，台北：遠流出版公司。
20. 李登輝（1999），《台灣的主張》，台北：遠流出版公司。
21. 官麗嘉（1995），《誠信——林洋港回憶錄》，台北：天下文化。
22. 官麗嘉、謝斐如（1997），《前瞻》，台北：商周文化。
23. 林凡（1997），《空手成大亨》，台北：商周文化。

24. 林朝和（1999），《笑看人生》，台北：月冠文化出版社。
25. 林蔭庭（1998），《追隨半世紀》，台北：天下文化。
26. 邱建文（1999），《林長城回憶錄》，台北：遠流出版社。
27. 倉石俊（1991），《流通巨人黑貓大隊》，台北：小知堂文化。
28. 高希均等（1995），《台商經驗》，台北：天下文化。
29. 高清愿（1999），《無私的開創》，台北：天下文化。
30. 張忠謀（1998），《張忠謀自傳》（上），台北：天下文化。
31. 張秋容（1996），《連鎖大王傳奇》，台北：商周文化。
32. 張純如（1996），《中國飛彈之父》，台北：天下文化。
33. 張榮發（1997），《張榮發回憶錄》，台北：遠流出版社。
34. 許愷（1982），《台灣地區連鎖店經營管理分析》，台北：太發。
35. 陳孔立（1991），《台灣研究十年》，台北：博遠出版有限公司。
36. 陳鳳馨（1999），《遇見百分百的連戰》，台北：天下文化。
37. 曾光（1998），《紅頂商人胡雪巖的經營藝術》，台北：台灣實業。
38. 黃越宏（1996），《觀念》，台北：商周文化。

39. 溫英超（1999），《購併之神——王嘉廉傳奇》，台北：先覺出版社。
40. 葉子游（1993），《大陸商情探實》，台北：遠流出版公司。
41. 葉子游（1991），《大陸經貿指引》，台北：遠流出版公司。
42. 趙虹（1999），《高清愿咖啡時間》，台北：商訊文化。
43. 劉仁傑、封小雲（1996），《亞洲巨龍——台日港投資大陸》，台北：遠流出版公司。
44. 劉玉珍（1995），《鐵頭風雲——趙耀東傳奇》，台北：聯經出版社。
45. 衛南陽（1996），《顧客滿意學》，台北：牛頓出版社。
46. 鄧潔華（1995），《石油一生——李達海回憶錄》，台北：天下文化。
47. 蕭弘德（1999），《台灣學生在北大》，台北：生智文化出版公司。
48. 韓福光等（1999），《李光耀治國之鑰》，台北：天下文化。
49. 嚴長壽（1997），《總裁獅子心》，台北：平安叢書。

二、大陸部分

1. 中央電視台信息部（1999），《商務調查》，經濟科學出版社。
2. 丹尼爾．伯斯坦等（1998），《巨龍》，東方出版社。

3. 天舒（1999），《沉船調查》，中國城市出版社。

4. 方向明（1998），《研究失敗》，當代中國出版社。

5. 方舟（1999），《告別商界》，甘肅文化出版社。

6. 王倫強、華謙生（1998），《低成本擴張》，四川大學出版社。

7. 王輝耀（1999），《我在東西方的奮鬥》，作家出版社。

8. 立言、龍良賢（1998），《世紀斷言》，中華工商聯合出版社。

9. 安格斯·麥迪森（1999），《中國經濟的長遠未來》，新華出版社。

10. 汝信等（1999），《1999年中國社會情勢分析與預測》，社會科學文獻出版社。

11. 李玉剛（1999），《激活中小企業》，民主與建設出版社。

12. 李江、顏波（1998），《中國經濟問題報告》（上）、《中國經濟問題報告》（下），經濟日報出版社。

13. 李志寧（1997），《大工業與中國》，江西人民出版社。

14. 李京文（1998），《21世紀中國經濟大趨勢》，遼寧人民出版社。

15. 沈泓、禹舒（1998），《'98～'99中國家庭投資》，貴州人民出版社。

16. 沈慶京（1998），《突圍》，黑龍江人民出版社。

17. 汪在滿（1999），《中國各牌命運》，光明日報出版社。
18. 屈雲波（1999），《中小企業成敗案例》，企業管理出版社。
19. 林查（1998），《交鋒後的交鋒》，紅旗出版社。
20. 芧于軾（1999），《誰妨礙了我們致富》，廣東經濟出版社。
21. 范恆山、方芳、曉暉（1999），《走向規範的市場經濟》，中國經濟出版社。
22. 范蘭德等（1997），《世界跨國公司經營模式》，廣東旅遊出版社。
23. 凌志軍、馬立誠（1999），《呼喊》，廣州出版社。
24. 海惕（1999），《新頭腦風暴》，廣東人民出版社。
25. 秦言（1999），《中國中產階級》，中國計劃出版社。
26. 秦言（1998），《中國小企業》，中國計劃出版社。
27. 馬立誠、凌志軍（1998），《交鋒》，今日中國出版社。
28. 張爲民、張洪吉（1997），《挑戰四小龍》，中國物資出版社。
29. 張覺（1998），《中國商家謀略經典》（上）、《中國商家謀略經典》（下），改革出版社。
30. 梁新（1999），《朱鎔基謀略》，內蒙古人民出版社。

31. 陳文鴻等（1998），《1998東亞經濟何處去》，經濟管理出版社。
32. 陳放（1999），《海外兵團搶購中國》，中國社會出版社。
33. 陳放（1999），《企業病診斷》，中國經濟出版社。
34. 陳放（1998），《策劃學》，中國商業出版社。
35. 陳惠湘（1998），《中國企業批判》，北京大學出版社。
36. 曾華國（1998），《收購中國》，江蘇人民出版社。
37. 馮林（1998），《贏在1998》，改革出版社。
38. 廉鋼生、里白（1999），《跨世紀十大潮流》，山西經濟出版社。
39. 對台辦（1998），《中國台灣問題》，九洲圖書出版社。
40. 對外貿易經濟合作部（1999），《'99形勢與熱點》，中國對外經濟貿易出版社。
41. 劉友法、張力軍（1998），《世界經濟與中國》，社會科學文獻出版社。
42. 劉勇（1998），《中國企業首腦》，珠海出版社。
43. 蔡偉明（1998），《轉型中國極待解決的問題》，改革出版社。
44. 蕭政群（1999），《朱鎔基智囊團》，內蒙古人民出版社。
45. 龍永樞等（1998），《海峽兩岸經貿合作關係研究》，經濟管理出版社。

46. 鍾朋榮（1999），《誰爲中國人造飯碗》，中國經濟出版社。
47. 韓星（1998），《傳銷大揭幕》，當代世界出版社。
48. 魏杰（1999），《中國企業大趨勢》，中國經濟出版社。

兩岸經貿大未來
——邁向區域整合之路

MBA系列 09

著　　者／劉文成
出 版 者／生智文化事業有限公司
發 行 人／林新倫
執行編輯／洪千惠
美術編輯／周淑惠
登 記 證／局版北市業字第677號
地　　址／台北市新生南路三段88號5樓之6
電　　話／(02)2366-0309 2366-0313
傳　　眞／(02)2366-0310
E-mail／tn605541@ms6.tisnet.net.tw
網　　址／http://www.ycrc.com.tw
郵撥帳號／14534976
戶　　名／揚智文化事業股份有限公司
印　　刷／鼎易印刷事業股份有限公司
法律顧問／北辰著作權事務所　蕭雄淋律師
初版一刷／2001年11月
定　　價／新台幣300元
I S B N／957-818-321-6

總 經 銷／揚智文化事業股份有限公司
地　　址／台北市新生南路三段88號5樓之6
電　　話／(02)2366-0309　2366-0313
傳　　眞／(02)2366-0310

國家圖書館出版品預行編目資料

兩岸經貿大未來：邁向區域整合之路 / 劉文成
著. -- 初版. -- 臺北市 ： 生智, 2001 [民90]
面； 公分. -- （MBA系列；9）
參考書目：面
ISBN 957-818-321-6（平裝）

1. 兩岸關係 - 經濟 2. 兩岸關係 - 貿易

558.52 90014921